Este puede ser
tu mejor año

books4pocket

Debbie Ford

Este puede ser
tu mejor año

Traducción de Alicia Sánchez Millet

EDICIONES URANO

Argentina - Chile - Colombia - España
Estados Unidos - México - Perú - Uruguay - Venezuela

Título original: *The Best Year of Your Life – Dream It, Plan It, Live It*
Copyright © 2005 by Debbie Ford

© de la traducción: Alicia Sánchez Millet
© 2006 by Ediciones Urano
         Aribau, 142, pral. – 08036 Barcelona
         www.edicionesurano.com
         www.books4pocket.com

1ª edición en books4pocket enero 2011

Diseño de la colección: Opalworks
Imagen de portada: Shutterstock
Diseño de portada: Jordi López

Impreso por Novoprint, S.A.
Energía 53
Sant Andreu de la Barca (Barcelona)

Fotocomposición: books4pocket

ISBN: 978-84-92801-77-0
Depósito legal: B-25.951-2010

Impreso en España – *Printed in Spain*

Gracias a mi querido Gary Ravet
por apoyarme para que pudiera vivir mi mejor año.
Gracias por todas las formas en las que enriqueces mi vida.
Eres una verdadera inspiración para mí.

Índice

Introducción

Sueña tu mejor año

Planifica tu mejor año

Vive tu mejor año

INTRODUCCIÓN

Crea tu mejor año

Cada año, en todo el mundo, la mayoría de las personas feste-jamos el mismo ritual de Año Nuevo. No me estoy refiriendo al ritual de ir de fiesta, bailar, beber o estar con nuestros seres queridos. Tampoco me refiero a reflexionar sobre nuestro pa-sado o estar agradecidos por lo que tenemos en nuestras vidas. Me estoy refiriendo a la tradición del típico propósito de cam-bio que hacemos en Año Nuevo, a nuestra promesa de hacer algo diferente. Tanto si nos proponemos mejorar nuestra eco-nomía, nuestras relaciones, nuestro aspecto o nuestro traba-jo, lo que todos compartimos es un deseo común: hacer que este año sea mejor que el anterior.

Entonces, ¿qué sucede? ¿Por qué se desvanece tan pronto nuestro propósito? ¿Por qué la mayoría de las personas no conseguimos alcanzar nuestras metas? ¿Por qué en febrero ya hemos olvidado o abandonado gran parte de las mismas? ¿Es que ya no nos interesan las cosas que tan importantes nos pa-recían el 1 de enero? ¿Han cambiado nuestras metas y objeti-vos? ¿Hemos tirado la toalla y nos hemos rendido o fracasa-mos, simplemente, porque nunca ponemos en el lugar apropiado nuestros planes, su estructura y los medios que ne-cesitamos?

¿Qué pasaría si este año fuera distinto? ¿Qué me dices si vives cada uno de los días del próximo año con el firme propósito de conseguir que sea tu mejor año, pase lo que pase, por incontrolables que sean las fuerzas que intervengan, independientemente de los cambios que se produzcan a tu alrededor? ¿Qué pasaría si descubrieras que vivir tu mejor año es algo que está totalmente bajo tu control, que puedes moldear, crear y conseguir? ¿Qué me dices si hoy mismo te dieras cuenta de que la elección está en tu mano?

La posibilidad de hacer que éste sea tu mejor año existe en cada instante, porque no depende de nada externo, sino de revelar el aspecto más grande que hay en ti. Vivir tu mejor año es convertirte en la persona que siempre has querido ser. Es acogerte a la mejor visión que tienes de ti y desarrollar las cualidades que te llevarán a materializarla. Del mismo modo que un escultor revela la hermosa escultura que se oculta en un trozo de mármol, nosotros hemos de ir eliminando las capas externas que impiden que nos convirtamos en nuestro verdadero yo. Con la misma pasión del mejor escultor, debemos comprometernos a terminar con las limitaciones que nos hemos impuesto, dedicar un tiempo a descubrir cómo hemos ocultado nuestros talentos y cómo hemos sofocado nuestros deseos más profundos. Para crear nuestro mejor año debemos enfrentarnos a nuestras conductas de autoengaño y descubrir nuevas formas de reaccionar a los acontecimientos cotidianos que moldean nuestra experiencia. En primer lugar hemos de digerir y aceptar todas las creencias limitadoras que hemos acumulado con el paso de los años y reunir el valor para desprendernos de todo aquello que está ocultando nuestra obra de arte. Para vivir nuestro mejor año debemos dedicar tiempo a explorar el proceso de pensamiento que ha dado forma a nuestra capacidad para tener éxito o fracasar, para elevarnos hasta nuestro yo más exquisito o hundirnos en la mediocridad.

La mayoría hemos puesto algún tipo de límite a lo que podemos tener, hacer o ser. Nos resignamos al hecho de que cada año será igual o sólo un poco mejor que el anterior, en lugar de estar entusiasmados por nuestro ilimitado futuro. Ponemos barreras a nuestras ambiciones, metas e imaginaciones y perdemos la oportunidad de expresarnos libremente para encajar en las masas. Como adultos, la mayoría hemos acallado a nuestro niño interior, hemos olvidado nuestras adorables bromas y hemos reprimido nuestra incansable imaginación. Hemos cambiado nuestros patines y los tiempos en los que salíamos a la calle dando brincos por tareas más serias. El razonamiento serio que restringe lo que oímos y lo que vemos se ha impuesto a nuestra curiosidad. Nuestra naturaleza abierta y encantadora se ha transformado en un corazón encerrado en sí mismo y a la defensiva, y en lugar de emprender con gusto la tarea de hacer que nuestras vidas sean maravillosas, soñamos despiertos con la vida que nos gustaría vivir.

Quizás has caído en el patrón de esperar el día en que se cumplirán tus fantasías. Puede que vivas esperando el día en que tengas más éxito, dinero, amor o felicidad. Al igual que muchas personas, puede que esperes a que mañana suceda algo que te hará sentirte mejor hoy. Pero ¿ha aparecido ya ese mañana? Es el momento de romper con la ilusión de que tu mejor año está por llegar en el futuro, cuando la realidad es que está aquí y ahora. No te engañes ni un minuto más pensando que el mejor año de tu vida llegará... si tienes suerte. No pienses que te falta lo esencial para hacer de éste tu mejor año, independientemente de lo que hagas o te suceda. No esperes a que las cosas pasen, a que tu agenda sea menos apretada o a que aparezca el hombre o la mujer de tus sueños para empezar con la tarea de crear la vida que te gustaría tener. No permitas que la fantasía de «Un día...», «El año que viene...», «Cuando tenga más tiempo...» o «Cuando tenga más dinero...» te haga creer que tu mejor año está aún por llegar.

Conseguirlo está en tu mano aquí y ahora. Piensa en ello: esa vida mejor está a tu alcance sea cual sea tu situación: soledad, enfermedad, con unos kilos de más, con dificultades económicas, estrés, depresión, adicción... Puedes vivirla aunque no tengas una formación adecuada, aunque hayas hecho cosas malas en el pasado, a pesar de tus flaquezas, aunque te haya abandonado alguien a quien amabas o hayas sufrido maltratos en la infancia, aunque no goces del respaldo de tus seres queridos e incluso aunque lo que te rodea parezca estar fuera de control. Tu mejor año no significa que consigas todas las cosas que creas que necesitas para ser feliz. No significa que terminarás un proyecto, encontrarás al amor de tu vida o adelgazarás diez kilos. No se refiere a saldar tus deudas o a encontrar ese trabajo nuevo que estás buscando. Puede que te divorcies o tengas obstáculos en tu carrera. Lo que espero poder mostrarte es que vivir el mejor año de tu vida no significa que todos los días sean de color de rosa o que las cosas saldrán como esperabas. Se trata de desarrollar esas partes de ti que estás deseando expresar, de hallar la inspiración en tu interior, de quererte a ti y a las decisiones que tomas. Es hacer las paces con tu pasado para crear un futuro que no se parecerá en nada a lo que has vivido hasta ahora. Es vivir cada día con los pies en el suelo, con pasión y entusiasmo por la vida y servir de inspiración a los demás para que hagan lo mismo.

El mejor año de tu vida es posible, pase lo que pase a tu alrededor. Es tuyo si lo deseas. Este año puedes elegir cuáles serán tus acciones y tu conducta. En función de lo que tengas entre manos puedes elegir si abandonarás tu deseo de alcanzar tus metas y te aferrarás al cómodo autoengaño de repetir ciegamente el pasado o si, en cambio, andarás un nuevo camino.

Aunque a simple vista este proceso pueda asustar, en realidad es mucho más sencillo de lo que parece, porque es el camino de la entrega. Es el proceso de desapegarte de tus historias personales, excusas y limitaciones. Para vivir tu mejor año has de abandonar tus antiguas creencias sobre lo que eres capaz de hacer o ser y sustituirlas por la creencia de que tu trabajo es tu mejor forma de expresión, consciente de que no hay contribución más alta que puedas hacer a este mundo que realizar tu máximo potencial.

Éste puede ser tu mejor año es una llamada a la acción. Es una guía detallada para hacer que este año sea tan especial para ti que no puedas esperar a levantarte por la mañana para empezar el nuevo día. Este libro quiere inspirarte, animarte y apoyarte para que alcances un grado de felicidad que puede que ni siquiera pensabas que era posible conseguir y para que cuando llegues a final de año estés deseando más de lo que ya has creado. *Éste puede ser tu mejor año* es tu guía personal para vivir de la mejor manera posible, independientemente de lo que suceda a tu alrededor. Está pensado para ayudarte a definir lo que significa para ti tu mejor año —cómo será y cómo te sentirás— y para ayudarte a crearlo. Una vez hayas creado tu mejor año de vida, este libro te proporcionará un plan eficaz para asegurar tu éxito y reunir las habilidades que necesitas para realizar esos sueños que tienes desde hace tanto tiempo.

Empezaremos con la sección «Sueña tu mejor año», en la que volveremos a despertar nuestros deseos más profundos y los utilizaremos para descubrir a la persona que siempre hemos querido ser. Aprenderemos lo que significa vivir en el proceso de crear nuestro mejor año y abrirnos a la posibilidad de vivir nuestros sueños más fantásticos. Crearemos un futuro basado en la realidad en lugar de en la fantasía y reivindicaremos el derecho de otorgarnos todo lo que hemos estado persiguiendo, ya sea éxito, prestigio, validación, amor o felicidad. Llegaremos a la sorprendente y transformadora conclusión de que hemos estado buscando fuera lo que podemos generar en nuestro interior, lo cual nos ayudará a acceder inmediatamente a lo que deseamos. Esto nos permitirá tener una visión superior de nosotros mismos que nos impulsará a la vida que anhelamos.

En la sección «Planifica tu mejor año» partimos de cero y preparamos el terreno para plantar y abonar nuestro nuevo e inspirador futuro. Desglosaremos la visión de nuestro mejor año para conseguir nuestras metas y dibujaremos un mapa detallado que, si lo seguimos paso a paso, nos asegurará la llegada a nuestro destino.

Por último, en la sección «Vive tu mejor año» obtenemos el valor para crear y aprovechar todos los días de este año y contemplarlos como los mejores de nuestra vida. Aprenderemos una técnica especial para atrapar los preciosos momentos que dan sentido a nuestra vida y para ser capaces de disfrutar con lo que ya tenemos. Aprenderemos el apasionante proceso de vivir dentro de nuestra integridad personal, que nos garantizará que este año permaneceremos dentro de la línea del éxito. Nuestra integridad personal nos ayudará a tomar decisiones que sean coherentes con el tipo de persona que queremos ser y actuará como una brújula interior —será nuestra guía por así decirlo— que nos garantizará que seamos fieles a nosotros mismos y que lleguemos al umbral de nuestros más profundos deseos. Comprenderemos que el mejor año de nuestra vida se basa en el pilar de sentirnos bien con quienes ya somos, con lo que hacemos y con cómo lo hacemos. Esta comprensión nos inspirará para vivir cada día de un modo que nos sintamos orgullosos y seguros de quienes somos.

Ahora mismo puedes elegir hacer que este año, este día, este momento sea un punto de partida y decir que será tu mejor año, o puedes continuar por el mismo camino que tantas veces has recorrido. Este libro te brinda un proceso sencillo y transformador que te permitirá crear a partir de hoy mismo *tu mejor año*. Seguir este proceso te asegurará que vivir tu mejor año será algo más que una quimera, será tu destino.

Tanto si empiezas este viaje el 1 de enero, el día de tu cumpleaños como un domingo cualquiera del mes de octubre, hoy está en tu mano hacer que éste sea el comienzo de tu mejor año. Espero que te haya quedado claro que posees este poder. Tienes el derecho de vivir tu mejor año de tu vida y la fuerza para conseguirlo. Si ya no soportas la mediocridad, si no puedes tolerar un año más igual que el anterior, te invito a que te comprometas, a que te plantees un desafío y a que te unas a mí para crear *tu mejor año*.

SUEÑA
TU MEJOR AÑO

Cuida tus visiones y tus sueños,
porque son los hijos de tu alma,
los esbozos de tus mayores logros.

NAPOLEON HILL

1

Crea un propósito poderoso

Imagina cómo sería despertarte cada mañana con un entusiasmo y una pasión que no has sentido en años. Cómo sería vivir todos los días gozando de cada momento, sintiendo que tienes un propósito y que lo cumples. Esto es lo que sucede si vives cada día, cada semana y cada mes de este año al máximo; si en cada instante te propones utilizar todos tus talentos, dones e inteligencia. Esto es justamente lo que experimentarás si creas el propósito de vivir tu mejor año.

Al igual que todos los grandes logros, este viaje transformador debe empezar dando un sencillo paso: *debes crear un propósito consciente para que éste sea tu mejor año.* Un propósito es el compromiso personal de conseguir un resultado concreto. Es la fuerza motriz, la brújula interna que dirige tu conducta diaria. Un propósito consciente actúa como principio organizador que te va a guiar para poder tomar decisiones que tengan fuerza. Te confirma que llevas el timón de tu propio barco y te confiere el poder de elegir tu destino. El propósito antecede a la manifestación. Con un propósito consciente y poderoso puedes crear la ruta de tu viaje por la vida con claridad y elegir la realidad concreta que desees crear.

Los propósitos son para los humanos lo que el *software* para un ordenador. Cuando lo instalamos en nuestra mente, un propósito nos da acceso a potenciales que nos descubren nuevas realidades. De pronto, somos capaces de ver nuestra vida con ojos nuevos. Si eliges introducir en tu memoria —cargarlo en tu disco duro, por así decirlo— el propósito de vivir tu mejor año, podrás contemplarlo como nunca lo habías hecho antes. Al instante podrás realizar cambios en lugar de limitarte a hablar de los mismos. Cuando cargas en tu memoria el propósito de vivir tu mejor año, estás eligiendo crear una vida llena de amor, risas, éxito y realización personal. A continuación expongo un ejemplo que ilustra maravillosamente el poder de los propósitos.

Julia es una mujer vivaz y con talento que trabajó conmigo durante más de dos años; le gustaba su trabajo y lo hacía muy bien. Era feliz, gozaba de buena salud y tenía unos amigos estupendos. Para todo el que la conociera, Julia tenía una vida extraordinaria. Hace cosa de un año y medio invité a mis colaboradores a que siguieran conmigo el curso «Éste puede ser tu mejor año». Durante el curso, Julia y otros compañeros crearon su propósito de vivir su mejor año. Al visualizar el año próximo como su mejor año, Julia se dio cuenta de que tenía que hacer algunos cambios inmediatamente. Lo primero que vio claro, para sorpresa de ambas, fue que tenía que dejar su trabajo y comenzar otra carrera profesional haciendo lo que más le gusta hacer: *coaching* y jugar al golf. También se dio cuenta de que si iba a vivir el mejor año de su vida tendría que trasladarse a un lugar que la inspirara y elevara su espíritu. En sólo una hora que dedicó a pensar cómo sería su mejor año, Julia reconoció que tenía que realizar cambios importantes en áreas esenciales de su vida. Su nuevo propósito le permitió ver lo que no había podido ver antes. Con gran entusiasmo nos dijo: «Siento que he estado viviendo como encerrada en una cajita y que alguien ha abierto la tapa y me ha dicho "Oye, allí fuera hay todo un mundo de posibilidades que te están esperando y que nunca te has planteado"».

Seis meses después casi todos los aspectos de la vida de Julia habían cambiado de tal modo que eran prácticamente irreconocibles. Su propósito de vivir el mejor año la llevó a trasladarse a una pequeña y pintoresca ciudad costera que le encanta y donde puede dar rienda suelta a su pasión por el golf. Ahora es la fundadora y presidenta de la Championship Inner Golf, en cuyo ámbito utiliza sus habilidades como *coach* para que las personas desarrollen todo su potencial en el juego del golf y en sus vidas. Cada día trabaja en algunos de los campos de golf más bellos de California del Sur haciendo lo que más le gusta. Estos cambios se produjeron a raíz de «instalar» el propósito de crear su mejor año. Ahora contempla esos cambios que se produjeron con tanta rapidez y sin esfuerzo con una mezcla de incredulidad e inmensa gratitud.

Si das este paso y no haces nada más, desatarás la fuerza que cambiará tu vida. El propósito de vivir tu mejor año generará una fuerza llena de energía que te conducirá a los resultados que deseas. El propósito encierra el poder de transformar la tierra en barbecho, llena de energía latente, en una tierra fértil y potente donde podrás plantar las semillas de tus deseos y ver cómo florecen.

Para crear tu mejor año es esencial que puedas diferenciar si te guía un propósito consciente que generas día a día o si se trata de un propósito inconsciente nacido en tu pasado. Tanto si eres consciente como si no, siempre existe un propósito que actúa como telón de fondo de todas tus acciones. Si eres como la mayoría de las personas, probablemente no seas consciente del propósito que te guía en tus elecciones, acciones y conductas. Tu propósito inconsciente puede ser pasar otro día, demostrar a tus padres que eres como ellos quieren, protegerte para que no te hieran, evitar que se enfaden contigo en el trabajo o un millón de situaciones diferentes. Pero no te equivoques: siempre hay un propósito oculto que guía tu vida. El que te guía en estos momentos probablemente lo creaste en los primeros años de tu vida, antes de que empezaras a tomar tus propias decisiones conscientes. La buena noticia es que para crear un propósito consciente en estos momentos no es necesario que descubras cuál es el que te ha guiado hasta ahora. Lo único que debes saber es que si no vives la vida que quieres, si no estás tomando las mejores decisiones cada día, si te aburres, te resignas o te esfuerzas, si siempre cometes los mismos errores, es más que probable que tu propósito sea viejo, desfasado y que no te funcione. Si sigues permitiendo que tu propósito inconsciente dirija tu vida, lo único que puedes esperar es que el año próximo sea una nueva versión del anterior.

Para asegurarte el éxito, primero tendrás que «instalar» tu propósito consciente y revisarlo a diario. Un propósito nuevo que guíe cada uno de tus movimientos requiere compromiso y perseverancia. Diversos estudios demuestran que se necesitan veintiocho días para realizar un cambio permanente de conducta o hábito, y lo mismo sucede cuando quieres introducir una nueva creencia en tu conciencia. No basta con decir que te has comprometido a crear tu mejor año y esperar que este compromiso se mantenga solo. Debes hacer un esfuerzo consciente para convertirlo en parte de tu sistema de creencias. Piensa cuántas veces tu madre o tu padre te dijeron que tenías que lavarte los dientes antes de que adoptaras el hábito de hacerlo todos los días. Has de ser diligente al comienzo de este proceso: comprométete a elegir conscientemente, tantas veces al día como te lavas los dientes, vivir tu mejor año. Este nuevo propósito no se instaurará sin más, por mucho que te empeñes. Si te pareces en algo a mí, puede que pienses que no has de esforzarte tanto para tener una buena vida.

Cuando me di cuenta de que esa vida extraordinaria no iba a venir a mí por las buenas, me enfadé bastante. Por alguna razón creía que me la merecía y el pensamiento de tener que hacer algo para crearla me ponía enferma. De modo que en lugar de reconocer que la vida era diferente de lo que yo había pensado que debía ser, me puse de rodillas y viví como una víctima durante más años de los que quiero admitir. El propósito inconsciente que había guiado la mayor parte de mi vida era crear una imagen lo más dramática posible para atraer la atención de todos. Esta intención no sólo ya no era atractiva, sino que no me estaba conduciendo a donde quería ir. Un día, tras haber sido abatida de nuevo por las circunstancias que yo misma había creado, comprendí que nadie iba a venir a rescatarme. Era evidente que toda mi vida giraba en torno a mis decepciones e infortunios. Hasta elegía a mis amigos por su capacidad para compadecerse de mi sufrimiento. Me encontré en ese momento decisivo de mi existencia y me planteé que debía tomar una decisión importante sobre el modo en que quería vivir mi vida. Podía seguir enfadada con la forma en que había sido diseñado el universo y la experiencia humana y continuar mi camino hacia ninguna parte o podía crear conscientemente la mejor vida posible para mí. Me alegra poder decir que elegí la segunda opción.

Mi propósito consciente de crear el mejor año de mi vida y de ir más allá de lo que creía posible sigue guiándome en todo momento. Me motiva, me eleva por encima de la pequeñez de mi vida humana y me impulsa a tomar decisiones que me llenan de fuerza. Mi propósito me ayuda a buscar siempre nuevas formas para hacer que mi vida y la de quienes me rodean sea mejor. En vez de rebelarme y lamentarme («¡Pobre de mí! ¿Por qué todo me cuesta tanto?»), reviso diariamente mi propósito consciente y permito que me guíe. ¿Me molesta hacer esto? Ya no, porque mi propósito me ha recompensado más veces de las que puedo recordar. Me ha proporcionado una vida que nunca imaginé que sería posible. Sé que si realmente te comprometes a esforzarte para que el propósito de hacer que éste sea tu mejor año se grabe en tu conciencia, obtendrás los mismos beneficios que yo.

Tu propósito será todavía más fuerte cuando lo divulgues públicamente. Si verdaderamente te has comprometido con el mismo, todos los que te rodean han de saberlo. Una vez oí decir a Diane Collins, creadora del programa de desarrollo personal QuantumThink: «Tu propósito ha de irradiar de ti. Ha de emanar de cada célula de tu cuerpo, a fin de atraer a las personas y circunstancias que puedan apoyarte para que se materialicen tus deseos». En otras palabras, tu propósito modela tu conducta, acciones, elecciones y palabras. Se convierte en tu sistema operativo personal. Para gozar de tu mejor año lo único que has de hacer es comprometerte ahora mismo con la intención de crearlo y experimentarlo. Luego cada día, durante los siguientes 365 días, recuerda tu propósito al despertarte y vuelve a comprometerte a crear un año mejor de lo que hubieras podido imaginar. Te prometo que tienes el poder para hacerlo.

¡Pasa a la acción! Crea un propósito poderoso

Cuando te despiertes y cuando te acuestes, dedica al menos tres minutos a cerrar los ojos y afirmar: «Éste es mi mejor año». Recuérdate este propósito colocando recordatorios —como notas y señales— en todas las habitaciones de tu casa y en tu lugar de trabajo. Puedes mandarte e-mails todos los días o colocar una nota en tu teléfono para que cada vez que lo uses recuerdes tu compromiso y puedas renovarlo. Comunica a las personas que más te importan que has elegido hacer de este año el mejor de tu vida.

2

Identifica tu fantasía

Es importante que entendamos que vivir nuestro mejor año está en nuestra mano. Significa tener la visión más elevada de nosotros mismos; no se trata de una fantasía lejana que nunca conseguiremos realizar. Vivir en el mundo de la fantasía —en la esperanza, el deseo y el anhelo— es una distracción que evita que veamos con claridad y que nos ciñamos al camino de la acción que nos conduce a una vida de excelencia.

A la mayoría nos han enseñado que siempre hemos de estar esforzándonos por conseguir algo más, siempre otra cosa nueva. No obstante, si en el camino perdemos nuestra felicidad, si nos convencemos de que ésta solamente existe al final de nuestro destino, quedamos atrapados en un ciclo interminable de deseo y espera, espera y deseo. Cuando esperamos a que llegue «el día» en que seamos felices —que sintamos gozo, nos divirtamos, apasionemos o tengamos éxito—, vivimos en una ilusión que apaga nuestro espíritu y nos roba la capacidad de disfrutar de nuestras vidas en el momento presente. No tiene nada de malo pensar en el futuro o fijarse metas. De hecho, creo que estas acciones son imprescindibles si queremos desarrollar todo nuestro potencial. Pero vivir en la fantasía de «Un día...» detiene nuestra vida real, la que tú y yo estamos viviendo.

Las fantasías son de todo tipo y muchas veces llegan disfrazadas de metas. Pueden sonar parecido a esto:

«Cuando por fin consiga...»

«En cuanto haga...»

«Cuando mi marido finalmente...»

«Cuando mis hijos sean lo bastante mayores para cuidar de ellos mismos, podré...»

«En cuanto haya pasado este período de..., me pondré a dieta, en forma o me cuidaré.»

«El próximo año.... y entonces podré vivir mi mejor año.»

Esta forma de pensar nos crea resentimiento, resignación y una insatisfacción permanente. A veces se dice que vivir en la fantasía es un *pensamiento mágico*, porque realmente sería magia que viviendo en el mundo de las fantasías llegáramos a alcanzar nuestras metas y las utopías se hicieran realidad. Hemos de comprender que la felicidad, la satisfacción y la paz no son emociones estancadas. Van y vienen y siempre están a nuestro alcance. De modo que si esperamos un resultado en particular para ser felices, perderemos nuestro derecho a gozar de la vida que deseamos ahora.

Muchos utilizamos nuestras fantasías para distraernos de lo que nos está sucediendo en la vida. Dejamos nuestro destino a la suerte en lugar de crear una base sólida sobre la que apoyarnos. Nuestras fantasías nos impiden actuar y realizar los cambios necesarios para mejorar nuestras vidas. Nuestras fantasías son engañosas. La mayoría de nosotros ni siquiera somos conscientes de ellas, y mucho menos de que vivamos en ellas. Estamos cegados por el modo en que nos engañan año tras año, paralizándonos e impidiéndonos realizar los cambios que deseamos. Si insistimos en seguir viviendo en nuestras fantasías, es más que probable que nos convirtamos en una de esas personas de las que se dice que «debería haber sido» o «podría haber sido» tal o tal cosa.

Para crear el mejor año de nuestra vida debemos identificar la fantasía que nos hace estar esperando y deseando que cambien las cosas. De este modo desataremos el poder que hará que nuestra vida sea extraordinaria. Por eso te pido que reflexiones y observes qué es lo que estás esperando. ¿Qué fantasía del tipo de «algún día...» pospone tu felicidad y realización personal a un futuro lejano? ¿Te resulta familiar alguno de estos ejemplos?

Seré feliz cuando...

tenga cierta cantidad de dinero.

compre una casa.

tenga una vida equilibrada.

encuentre a mi alma gemela.

termine mis estudios.

lleve las riendas de mi vida.

consiga mi peso ideal.

logre el reconocimiento que me merezco.

mande a mis hijos a la universidad.

tenga un bebé.

encuentre un trabajo nuevo.

tenga más tiempo para jugar al golf.

me asciendan en el trabajo.

disfrute del sexo más a menudo.

encuentre a mi verdadero amor.

esté segura del éxito de mi pareja.

tenga un vestuario fabuloso.

pague mis deudas.

Si alguna de estas situaciones te resulta familiar, probablemente vivas presa de una fantasía que te está negando la felicidad y el éxito que te mereces.

Cuando salimos de nuestras fantasías y vivimos plenamente en la realidad, recuperamos el poder que hemos depositado en el futuro y recibimos el don de ver con claridad. Sólo viviendo la realidad al cien por cien obtenemos el poder de emprender acciones, hacer cambios duraderos y tomar las riendas de nuestra vida. El filósofo Earl Nightingale, conferenciante motivacional y escritor, dijo una vez: «Las personas con éxito son soñadoras que han descubierto un sueño que era demasiado excitante e importante para permanecer en el mundo de la fantasía. Día a día, hora a hora, se esfuerzan por hacerlo realidad hasta que pueden verlo con sus propios ojos y tocarlo con sus propias manos». Sólo cuando vivimos en la realidad podemos llevar a cabo acciones poderosas que nos conducirán a una vida inspiradora. Liberándonos de nuestras ilusiones y fantasías, somos verdaderamente responsables de nuestro destino.

Para trascender tus fantasías y *crear* la vida que has soñado, has de descubrir lo que realmente estás buscando y cómo crees que te sentirás cuando lo consigas. Es muy fácil creer que algún acontecimiento externo te aportará la felicidad que buscas. Pero ¿y si descubres una verdad aún mayor? ¿Qué pasará si descubres —o recuerdas, porque la mayoría ya lo sabemos— que lo que persigues no es una meta o un resultado sino un *sentimiento*? ¿Qué pasará si descubres que lo que estás anhelando no es un bien externo —una nueva carrera, estar en forma, una familia adorable— sino el sentimiento que crees que experimentarás cuando lo consigas?

Puede que pienses que serás feliz cuando encuentres a tu pareja perfecta, pero yo te desafío a que profundices más. ¿Qué esperas sentir cuando hayas encontrado a esa persona? ¿Sentirás que eres una persona amada, protegida y cuidada? ¿Sentirás que eres una persona segura? ¿Te sentirás a salvo? ¿Serás una persona valorada e íntegra? Pues bien, lo que quiero decirte es que lo que en realidad buscas son esos sentimientos que piensas que te aportará esa persona imaginaria. Si lo que anhelas es fama, lo que quiero decirte es que no es la propia fama lo que buscas sino el sentimiento que te dará la fama. Si te preguntas «¿Cómo me sentiré cuando sea muy famoso?», descubrirás lo que verdaderamente estás buscando. Quizá sea un sentimiento de valor o de poder, sentirte importante o especial. Tanto si tu fantasía es comprar una casa, escribir un libro o tener todo el dinero del mundo, debes plantearte la misma pregunta: «¿Cómo creo que me sentiré cuando alcance mi meta?» La respuesta a esta pregunta te revelará lo que realmente estás buscando con tu fantasía.

Todos buscamos los sentimientos agradables que esperamos sentir con nuestros logros externos. Pero lo cierto es que la mayoría de las veces nuestros logros no nos proporcionan la felicidad que esperábamos, y si lo hacen, ésta suele durar muy poco. Mi experiencia de esta verdad llegó por sorpresa y me sumió en semanas de depresión en un momento en que debería haber estado disfrutando de la sorprendente vida que había creado. A los pocos meses de haberse publicado mi primer libro, *Los buscadores de luz*, número uno en ventas de la lista de *best sellers* del *New York Times*, estaba triste y confusa. No sabía muy bien qué era lo que me había abatido, especialmente cuando todo lo que me estaba sucediendo era tan bueno. Empecé a examinar mi vida y todo lo que me había pasado en los últimos meses y esto es lo que descubrí.

Durante dos años recorrí más de setenta mil kilómetros promocionando mi libro, asistiendo a entrevistas de radio y de televisión, dando conferencias en ferias y librerías, dirigiendo seminarios y ayudando a miles de personas. Creía que Dios me había premiado con ese trabajo para ayudar a los demás y que tenía que hacer todo lo necesario para cumplir ese fin. Aunque el trabajo era muy gratificante y estaba segura de que estaba haciendo lo correcto, cada día me iba agotando más en el intento de dar a conocer mis logros. Entonces mi fantasía era que algún día podría reducir mi ritmo de trabajo, descansar y pasar más tiempo con mi hijo y con mi familia. Bien, ahí estaba yo —mi sueño se había hecho realidad—, más exhausta y decepcionada que antes porque mi fantasía de que el éxito haría mi vida más fácil se había desvanecido.

La realidad de mi vida era que había más personas que reclamaban mi presencia. Había mucha gente con preguntas, peticiones y necesidades y tuve que aferrarme al presente para manejar esa situación. Al final me di cuenta de que lo que había estado persiguiendo todos esos años era sentirme importante y saber que mi vida servía para algo. Si hubiera sabido antes cuál era mi verdadero deseo, cada día podía haber hecho una pausa para contar todos mis logros. Entonces podía haber dedicado más tiempo a digerir todos los agradecimientos que la gente intentaba transmitirme. Podía haber leído algunos correos electrónicos más de los que me mandaban las personas que habían leído mi libro para compartir sus experiencias. Podía haber cerrado los ojos y preguntado a Dios si mi vida era importante o quizá, más sencillo, podía haber llamado a mi hermana Arielle, a mi madre, a mi hermano, a la tía Pearl o a cualquier otro miembro de mi familia y haberles preguntado si era importante para ellos. Cualquiera de estas dos cosas me habría bastado para ver que sí era importante y que mi vida tenía sentido. Me podía haber otorgado a mí misma eso que busqué por todo el mundo. De hecho, eso es lo que al final acabé haciendo.

Cuento esta historia porque sé cuántas personas hay que creen que si tuvieran más éxito, más dinero, más fama, más de *algo*, encontrarían la felicidad. Eso no es cierto. Es una fantasía, una ilusión que nos conduce, si se lo permitimos, al autoengaño de abandonar todo el placer del momento en pro de una promesa vacía en el futuro. No te dejes engañar. No muerdas el anzuelo. Yo lo hice y te aseguro que fue descorazonador; y también me costó la felicidad de la que podía haber sido una de las mejores etapas de mi vida. La buena noticia es que diseccionando tu fantasía puedes acortar todo este proceso y hacerte con el poder para alcanzar una paz y una felicidad infinitas. Simplemente debes descubrir cuál es tu fantasía e identificar los sentimientos que crees que experimentarás cuando ésta se cumpla. Entonces, lo único que tendrás que preguntarte es «¿Qué puedo hacer ahora para sentirme de ese modo?» y ser generosa contigo misma.

La fantasía no nos deja ver la acción correcta e impide que veamos lo que podríamos hacer para mejorar nuestra vida. Cuando vivimos en la fantasía no podemos ver lo que podemos hacer realmente. Cuando la fantasía ya no es una opción, cuando estamos con los pies en el suelo, empezamos a buscar formas de mejorar nuestra vida que anteriormente estaban ocultas bajo el velo de la ilusión de «un día todo esto funcionará». Lizbeth es un gran ejemplo.

Aunque trabajó a tiempo completo como entrenadora personal, fantaseaba con el día en que andaría por la alfombra roja y sería tratada como una estrella del rock. La curiosa y triste realidad era que ¡Lizbeth ni siquiera sabía cantar! No obstante, estaba convencida de que la fama la haría sentirse adorada y admirada. Tras darse cuenta del precio de su fantasía —que le había impedido experimentar la felicidad en su vida—, decidió no esforzarse tanto para conseguir la admiración de los demás y dedicarse más tiempo. En lugar de malgastar el tiempo pensando en ser alguien que no era, empezó a buscar formas de expresar su talento como entrenadora. Con el propósito de vivir su mejor año, dijo a parientes y amigos que estaba buscando mayores oportunidades en su campo. A los pocos meses de haberse comprometido a abandonar su vida de fantasía y a crear una vida basada en la realidad, le pidieron que diseñara y protagonizara un vídeo del método Pilates que, sin tan siquiera pretenderlo, le ha proporcionado la atención y admiración que tanto había estado buscando. Su carrera despegó y ahora todavía no da crédito a su éxito. Al desterrar su fantasía liberó la fuerza que necesitaba para crear esa vida excitante de estrella del rock en una profesión en la que podía brillar.

En este mismo momento hay muchas acciones que podemos realizar para concedernos justamente eso que andamos buscando en el mundo exterior. Lo único que debemos hacer es identificar nuestra fantasía y confesarnos que estamos esperando que suceda algo ahí fuera que nos haga felices y nos llene. Luego, podemos preguntarnos «¿Qué sentiré si consigo lo que deseo?». Una vez hayamos descubierto cuál es ese sentimiento, podemos empezar el proceso transformador de concedérnoslo. Cuando nos comprometemos a atender nuestras necesidades y concedernos los sentimientos que necesitamos, se produce el verdadero milagro y descubrimos que todo lo que hemos estado buscando está a nuestro alcance. No se trata de una fantasía lejana, sino de una realidad que podemos alcanzar si nos decidimos a hacer el trabajo y a responsabilizarnos de nuestras necesidades.

Todos lo hemos oído alguna vez: la felicidad es un trabajo interior. Es cierto. Al sacar a la luz tu fantasía, disiparás de una vez para siempre el mito de que la felicidad y la satisfacción están en cualquier parte menos dentro de ti.

· ·

¡Pasa a la acción! Identifica tu fantasía

Escribe una descripción de la vida fantástica que esperas y que deseas vivir «algún día». Analiza tu fantasía para averiguar cómo crees que te sentirías si se cumpliera. Luego identifica una acción que puedas realizar todos los días para generar dentro de ti esos sentimientos que tanto necesitas. Comprométete a ser totalmente responsable de crear los sentimientos que tanto deseas.

· ·

3

Descubre tu grandeza

Para experimentar la emoción de sentir que vives al máximo e ir más allá de la vida que llevas actualmente, para crear un año que supere todos tus sueños actuales, tendrás que crear una visión que te exigirá que saques lo mejor de ti; y tendrás que comprometerte con esa visión. Cuando hayas establecido firmemente una visión clara y convincente para sacar lo mejor que hay en ti, experimentarás un grado de felicidad y alegría que probablemente no habías sentido en años.

Una visión firme y clara de lo mejor que hay en ti encierra el poder de trascender tu realidad cotidiana, de esquivar los problemas de todos los días que hacen que te quedes donde estás. Una visión inspiradora será la fuerza que te elevará y apoyará para tomar decisiones extraordinarias que te conducirán a esa vida que siempre has imaginado. La visión y la pasión son las dos caras de una misma moneda. La una no puede existir sin la otra. Cuando tienes una visión de tu futuro poderosa, no sientes sólo pasión: también sientes la energía suficiente para salir a la calle y conseguir lo que deseas.

Imagínate ahora dentro de un año sintiendo que has llegado a la cima de tu ideal, sabiendo que sigues avanzando, consiguiendo tus ansiadas metas y convirtiéndote en la persona que siempre has querido ser. ¿Qué puede haber mejor que esto? El viaje hacia tu mejor año conlleva que mires al pasado, recuerdes la visión más elevada que has tenido de ti y te vuelvas a comprometer a llegar a ser todo lo que puedes ser.

Incluso aunque nuestra vida ya sea maravillosa, siempre hay ciertas áreas en las que queremos expresarnos mejor, en las que queremos tener mayor éxito; siempre hay un lugar en el que preferiríamos estar. La mayoría estamos demasiado ocupados para prestar atención a estas áreas, y por lo tanto las desatendemos. Para que este año sea mejor que los demás, debemos buscar esas áreas medio olvidadas y comprometernos a dar los pasos necesarios para desarrollar todo nuestro potencial. No hay mejor momento que ahora mismo.

A finales de mi adolescencia y cuando tenía unos veinte años, vagaba sin rumbo queriendo ser alguien que no era. Incluso cuando tenía éxito o me alababan por mis logros, todavía anhelaba algo más. Quería una versión de Debbie Ford «nueva y mejorada». Deseaba el éxito, el reconocimiento y sentirme importante aunque no hacía nada para merecérmelo. Anhelaba destacar, aunque actuaba como el resto de la gente. Quería ser especial, que se me recordara por mi contribución a la humanidad, aunque me estaba ahogando en mi propio mundo.

Mi deseo de ser alguien que no era se convirtió en una bendición y en una maldición al mismo tiempo. La bendición era que jamás estaba contenta o aceptaba mi mediocridad, y la maldición, que era terriblemente cruel conmigo misma, siempre me menospreciaba por no ser mejor. Un día oí a mi madre decirle a su amiga Vicki, que siempre se metía en líos, que podía ser lo que quisiera. Aunque mi madre me había transmitido siempre el mismo mensaje, de algún modo no pude comprender que yo también tenía ese potencial hasta ese momento. Ese tórrido día de verano en Florida, en la cocina de nuestra casa de la calle Cuarenta y seis, se despertó algo en mi interior: ¡si Vicki podía ser lo que quisiera, yo también! De pronto me di cuenta de que todas las visiones que tenía sobre mí y que se asomaban de vez en cuando a mi realidad cotidiana eran posibles en realidad. Ese día, en la calle Cuarenta y seis, emprendí el camino para ser la persona que siempre había querido ser.

Mi viaje fue largo y arduo, pero también expandió mi mente y fue apasionante. Lo que más me entusiasma e inspira es que todos poseemos la capacidad de descubrir y alimentar nuevos aspectos y convertirnos en las personas que queremos ser. Las palabras del escritor Charles DuBois me impactaron: «Lo que importa es esto: ser capaces de sacrificar en cualquier momento lo que somos por lo que podemos llegar a ser». Tras meses de profunda contemplación al final se hizo la luz y vi que Charles DuBois estaba diciendo lo mismo que mi madre. De nuevo volví a ser consciente del hecho de que todos tenemos la opción de seguir con el personaje que hemos creado o liberarnos de él y permitir que emerja una nueva expresión de nosotros mismos.

Hasta la fecha sigo maravillándome de que los seres humanos seamos capaces de hacer este tipo de metamorfosis. No tenemos por qué quedarnos estancados en una misma personalidad durante toda la vida, sino que tenemos la libertad de transformarnos en expresiones superiores de nosotros mismos. Hoy puedo decir sin lugar a dudas que los seres humanos podemos realizar cambios radicales y duraderos. Tras una década de trabajar como *coach* y de dirigir grupos, he descubierto que si trasciendo mi primera impresión externa de cómo son las personas, puedo ver a través de su máscara y descubrir quiénes pueden llegar a ser si desarrollan su máximo potencial. Con un poco de esfuerzo veo su grandeza y potencial independientemente de su aspecto, de su estado emocional, espiritual o económico; puedo ver más allá de sus acciones, de su fachada, de sus temores e inseguridades; puedo ver quiénes son independientemente de la carga que arrastren. El hecho innegable es que bajo nuestro personaje público, somos lo que realmente queremos ser. El trabajo que debemos realizar es ver más allá de nuestras limitaciones para volver a ser lo que realmente somos. Ahora bien, puede que te guste cómo eres y que no quieras una «nueva versión mejorada» de ti mismo. Pero, como ya sabes, todos los seres vivos han de crecer o morir. Evolucionar y crecer forma parte de nuestra naturaleza. Nuestra alma desea liberarse de las limitaciones que le hemos impuesto. Este proceso de ver más allá de nuestras limitaciones nos permite liberarnos de quienes creíamos que éramos. Quisiera que te plantearas si valdría la pena el esfuerzo de que a partir de ahora te dieras el plazo de un año para descubrir quién eres en realidad, qué has conseguido, cómo te sientes, y que realmente pudieras decir: «¡Vaya, me gusta quien soy, lo que he conseguido y cómo me siento!» Ésta es la experiencia que puedes crear cuando te comprometes a evolucionar para desarrollar todo tu potencial. Tienes el poder de hacerlo. La elección está en tus manos y cambiará radicalmente la visión que tienes de ti, de los demás y del mundo.

Para vivir tu mejor año debes seguir abriéndote a realidades mayores y ser capaz de desarrollar nuevos aspectos. Si insistes en aferrarte a quien eres ahora, perderás la extraordinaria oportunidad de descubrir una versión de tu ser aún mejor.

Puedes descubrir cómo es esa versión preguntándote: «¿Qué quiero que piensen de mí las personas que me rodean? ¿Qué quiero que escriban de mí cuando haya muerto?» Luego trata de ver si encarnas alguna expresión pura de esas cualidades que quieres que te atribuyan. Puedes revisar las tareas externas que quieres llevar a cabo este año y preguntarte: «¿Qué tipo de persona podría realizar esto con facilidad?» Cuando recibas una respuesta, tendrás un *flash* de ese ser que está deseando salir a la superficie. Aquí está la fórmula para descubrir la persona que quieres ser.

Piensa en un aspecto de tu vida que quieras mejorar o en algo nuevo que quieras crear y pregúntate: «¿Qué cualidades tendré que desarrollar para llevar esta visión a la práctica?» Si tu deseo más profundo es conseguir una vida equilibrada que incluya tener tiempo para tu familia, divertirte, trabajar y jugar te has de preguntar: «¿Qué tipo de persona podría crear sin esfuerzo esa clase de vida? ¿Podría hacerlo una persona relajada? ¿Una persona disciplinada? ¿Alguien que tuviera claras sus prioridades y sus mayores limitaciones?» Si tu visión es gozar de una salud óptima, te preguntarás: «¿Qué tipo de persona podría conseguir eso fácilmente?» Puede que descubras que es alguien que sabe elegir bien. Luego si sigues analizando te preguntarás: «¿Qué clase de persona sabe elegir bien?» Puede que una vocecita te diga: «Alguien que valora la vida y respeta su cuerpo». También puede que descubras que alguien que tiene un compromiso consigo mismo puede conseguir fácilmente esa meta. Cada persona tendrá una respuesta distinta para esta pregunta. Al identificar las cualidades que has de desarrollar para materializar tu visión y realizando las acciones necesarias para cultivarlas, verás que el camino para crear tu mejor año está claramente señalizado ante ti. Así es como funciona.

Hace años, Cliff, uno de mis formadores, quería llegar a ser un buen facilitador. Se preguntó qué tipo de persona podría dirigir grupos con facilidad y la respuesta que obtuvo fue: «Alguien que sea espontáneo en su comunicación y tenga confianza en sí mismo». *Espontaneidad* y *seguridad* eran las cualidades que tenía que desarrollar Cliff para conseguir su meta de ser un buen facilitador. Le pregunté qué acciones iba a emprender para desarrollarlas. Para su propia sorpresa, el primer pensamiento que le vino a la mente fue tomar clases de improvisación, era la primera vez que tenía esa idea. Se dio cuenta de que asistiendo a esas clases desarrollaría ambas cualidades. Se apuntó a clases semanales en una escuela universitaria de su zona y al poco tiempo esas cualidades, que permanecían latentes en su interior, se habían despertado y estaban a su servicio para materializar su visión. En menos de un año experimentó un versión de sí mismo que no sabía que existía. Tal como sospechaba, sus aspectos de espontaneidad y seguridad fueron la clave para convertirse en todo lo que había deseado ser.

Tras intentar infructuosamente pagar sus deudas y controlar sus gastos, Danielle, amiga mía durante diez años, quería estabilizar su economía. Cuando le pregunté qué tipo de persona podría administrar su economía sabiamente, me respondió: «Una persona responsable y diligente». *Responsable* y *diligente* eran las cualidades que tenía que desarrollar Danielle para llevar su visión a la práctica. Empezó a analizar qué acciones o prácticas tenía que llevar a cabo para ser responsable y diligente en su economía. Enseguida se le ocurrieron varias acciones que podía realizar. Buscó una mentora —alguien que la ayudara a manejar su economía de un modo riguroso— y cada semana se reunía con ella. Liquidó lo que debía de las tarjetas de crédito y preparó un plan para recuperar su crédito. Contrató a un contable para asegurarse de que todas sus facturas se pagaban a tiempo y cada mes ahorraba una parte de su sueldo. Actualmente, Danielle es responsable y diligente con su economía. En este aspecto de su vida se ha convertido en la persona que siempre había querido ser y la dicha de haber alcanzado su visión sigue guiándola para crear su mejor año.

Hacer realidad tu sueño, crear tu mejor año y convertirte en la persona que siempre has deseado ser no es más difícil de lo que he descrito aquí. Lo único que has de hacer es sacar a la luz aspectos a los que antes no podías acceder. Esto lo conseguirás definiendo primero quién quieres ser —las cualidades que tendrás que demostrar— para hacer realidad tu visión e inspirarte. Luego simplemente deberás actuar de modo que puedas desarrollar esas cualidades.

Imagina que cada una de las cualidades que deseas desarrollar es un aspecto de ti que has de alimentar para que pueda crecer. Si alimentas esos aspectos dedicándoles tu atención y tomas decisiones conscientes para expresarlos, conseguirás tu propósito. Por ejemplo, si saber que eres verdaderamente competente te ayuda en tu visión de crear tu mejor año, cada vez que tengas éxito en tareas que no sueles realizar —y te reconozcas esos éxitos— fortalecerás este aspecto de ti y te acercarás a la meta que deseas. Si alimentas con frecuencia esta cualidad oculta, antes de que puedas darte cuenta demostrarás competencia en todas las áreas de tu vida. Por otra parte, cada vez que tomas una decisión que hace que te sientas incompetente, no alimentas lo mejor que hay en ti y vas en dirección contraria, alejándote de tu meta. Lo que importa recordar es que para que funcione este proceso siempre has de ser consciente de la cualidad que deseas desarrollar, o de lo contrario volverá a ocultarse. Cuando tus acciones cotidianas fomenten las cualidades que deseas sacar a la luz, descubrirás que algo te guía de forma natural en la dirección en la que quieres ir. Si quieres ser responsable, cada vez que tomas una decisión responsable, que te cuestionas tus acciones irresponsables, estás tomando una decisión en la dirección correcta.

Otra forma de descubrir las cualidades que te conducirán a tu mejor año es identificar lo que crees que supuso un obstáculo el año pasado, esos aspectos que se interpusieron para que alcanzaras tus metas o que te alejaron del bienestar. Fuera lo que fuese lo que el año pasado te desvió de tu camino —miedo, pereza, posponer las cosas, ir de víctima, desconfianza o avaricia—, la determinación de adoptar la actitud contraria te ayudará a que éste sea un gran año. Si crees que lo que se interpuso fue tu inseguridad, elige la confianza en ti mismo y nútrela a diario. Si fue tu ira la que se interpuso en tus relaciones con los demás, busca lo que para ti es lo opuesto a la ira. Quizás sea la compasión, la amabilidad o la empatía. Comprométete a realizar una acción al día para fomentar esta cualidad y en cuestión de semanas descubrirás que estás consiguiendo resultados diferentes y que estás creando una vida coherente con la persona que deseas ser en lugar de seguir siendo la misma que hasta ahora.

Este apasionante proceso te permite acceder al poder que necesitas para mejorar tu vida. Nunca más volverás a mirar a alguien a quien admiras y dirás: «Me gustaría tener su fortaleza, su valor o su carisma». En su lugar, elegirás desarrollar esas cualidades dentro de ti. Es importante que entiendas que esas cualidades que tanto anhelas experimentar o que ves en otro ya existen en tu interior. Imagina una nube que cubre el sol: aunque durante un momento no puedas ver la luz solar ni sientas su calor, sabes que el sol está detrás. Si esperas un poco, la nube pasará y volverás a verlo. Lo mismo sucede con todas las cualidades que quieres tener o manifestar. Todas esas cualidades existen dentro de ti, a menudo ocultas tras una nube de negación o cubiertas por alguna conducta o creencia de que no eres así. Si te comprometes a manifestar esas cualidades ocultas y a integrarlas en tu ser, te convertirás «en tu propio ídolo», como dijo una vez el gran poeta sufí Rumi, y alcanzarás sin esfuerzo aquello que deseas.

La visión que este año tengas de ti te iluminará, te despertará y te inspirará para que saques a la luz tus mejores facetas. Esa misión devolverá el brillo a tus ojos y la pasión a tus experiencias cotidianas. Reflexiona un momento sobre una visión que te entusiasme, te conmueva y te inspire para que puedas decir que cada día, cada semana y cada mes de este año es el mejor de tu vida. ¿Qué tendrá que suceder en los próximos doce meses para que a final de año puedas exclamar: «¡Vaya mi vida es sorprendente! ¡Quiero otro año como éste!» ¿Quién tendrás que ser para conseguir eso?

•••

¡Pasa a la acción! Descubre tu grandeza

Reflexiona sobre tu visión de aquello que haría de éste el mejor año de tu vida, y luego pregúntate: «¿Qué tipo de persona conseguiría esto fácilmente?» Identifica dos cualidades que tengas que cultivar dentro de ti para que tu visión se haga realidad. Descubre qué acciones o prácticas diarias fomentarán estas dos cualidades que has identificado. ¿Qué puedes hacer cada día, cada semana y cada mes para que estas cualidades brillen con toda su fuerza en tu vida? Para más información, descarga una hoja de trabajo en www.bestyearofyourlife.com.

PLANIFICA
TU MEJOR AÑO

Los logros espectaculares siempre
van precedidos
de una ardua preparación.

Roger Staubach,
jugador de fútbol americano

4

Parte de cero

Todo gran logro comienza con un plan. Pero antes de que te embarques en la tarea de planificar tu mejor año, primero has de mirar hacia atrás e identificar los obstáculos que todavía hay en tu camino. Piensa en este proceso como si fuera una preparación, como si partieras de cero. Todos sabemos que si no abonamos el terreno antes de plantar, no va a crecer nada. Si no derrumbas la casa vieja y sacas los escombros, es imposible hacer unos cimientos nuevos y construir una casa nueva. Todos hemos oído decir un millón de veces: has de deshacerte de lo viejo para que pueda entrar lo nuevo.

No hay nada más importante que podamos hacer a diario, semanalmente, mensualmente o anualmente que zanjar los asuntos del pasado y acabar todas nuestras tareas importantes. Después de tantos años trabajando como *coach* para ayudar a las personas a que tengan una vida llena de éxitos, puedo decir sin lugar a dudas que si no vives la vida que quieres, si sigues reproduciendo tus patrones del pasado, si siempre pospones las acciones que te harían avanzar, no tienes más que observarte con atención y descubrirás un montón de cosas por terminar. Sin embargo, si te decides a revisar el pasado y zanjar esos temas por resolver, podrás cambiar el curso de tu vida muy fácilmente e ir en la dirección deseada.

Dejar las cosas bien terminadas es la puerta que nos conduce del pasado al futuro. Nos ayuda a crear una base sólida y fuerte sobre la que podemos construir un futuro inspirador. Para dar por cerrado nuestro pasado, debemos haber resuelto nuestros problemas con incidentes, proyectos o relaciones. No podemos crear una vida nueva y extraordinaria sobre un pasado lleno de proyectos incompletos, relaciones fracasadas, acuerdos rotos y temas por resolver. Si intentamos avanzar sin completar el pasado, tendremos que aceptar el hecho de que crearemos más de lo mismo.

La mayoría de nosotros no somos conscientes de la resignación que reina bajo nuestra mente consciente. La voz de la resignación es distinta en cada uno de nosotros, pero su cantinela suele parecerse a esto: «¿Por qué preocuparme? No me va a pasar nunca. No seré capaz de conseguirlo. Es demasiado trabajo. No tengo tiempo. No puedo enfrentarme a ello. No me lo merezco». Cuando fracasamos en lo que pensábamos triunfar, cuando nuestra vida cotidiana ni tan siquiera se parece a nuestra visión de lo que es posible, cuando nuestras metas no se han hecho realidad, nuestra esperanza de vivir una gran vida empieza a desvanecerse, nuestros sentidos se apagan y poco a poco nos vamos resignando con nuestro futuro. Puesto que la mayoría no somos conscientes de este hecho o no sabemos qué hacer al respecto, acabamos dedicando gran parte de nuestro tiempo y de nuestra atención a ocultar nuestra resignación y a llenar el vacío que hay en nuestro interior. En lugar de hacer las paces con nuestro pasado, desarrollamos adicciones, creamos dramas y atraemos incidentes desagradables para cambiar nuestros intereses y evitar el sentimiento doloroso de no poder expresar nuestro potencial. La resignación se presenta de muchas formas. Puede manifestarse como cinismo, sarcasmo o desesperanza. Podemos experimentarla como depresión, tristeza, soledad o vacío. Si no la analizamos seguirá enmascarando lo que verdaderamente es importante y nos desviará del propósito que nos hemos marcado en nuestra vida.

Para acabar con nuestra resignación y abrirnos a la posibilidad de un futuro apasionante, primero debemos realizar un corto viaje hacia nuestro pasado y estar dispuestos a descubrir las formas en las que nos hemos engañado o decepcionado a nosotros mismos y a los demás. Tenemos que ver de qué modo nos hemos «hecho sabotaje» y admitir todos los momentos en los que no hemos sido claros, no hemos estado centrados o nos ha faltado disciplina. Debemos revisar los traumas y heridas emocionales que todavía arrastramos y librarnos de ellos.

Muchos de nosotros intentamos olvidar nuestros errores, remordimientos y malos momentos sin llegar a darlos por cerrados. Sin embargo, identificarlos y ponerles punto final es un paso esencial que no podemos pasar por alto si realmente queremos dejar atrás nuestro pasado, el lugar al que pertenecen. Si en verdad tuviéramos que cargar con nuestro pasado todos los días, ya no se llamaría pasado sino presente. Aunque seamos conscientes de este hecho, por alguna razón estamos tan apegados a lo que sucedió ayer que nos cuesta muchísimo olvidarlo. Quizá sea porque ansiamos algún tipo de compensación —en forma de restitución, disculpa o un resultado diferente— y por eso, en lugar de dejar ir las cosas y seguir adelante, elegimos aferrarnos a nuestras rencillas. El problema que tiene esta postura es que si necesitamos a otra persona para zanjar el asunto hay muchas probabilidades de que nunca podamos contactar con ella. No podemos contar con otra persona para dar por concluidos nuestros asuntos. Tenemos que reclamar y exigir ese privilegio, y concedérnoslo. Si resulta que se presenta alguien de nuestro pasado y nos proporciona lo que estábamos esperando, estupendo; pero si queremos ser totalmente responsables de nuestras vidas, debemos hallar una forma de concluir nuestros asuntos para poder seguir adelante. Dar por zanjado un asunto sana nuestro pasado y nos ayuda a hacer las paces.

Pasar página es sinónimo de libertad. Es fácil ver esto observando a los niños que todavía no han experimentado muchos traumas en sus vidas. Si observamos a un niño, veremos una expresión alegre de un ser humano, que se enfada y desenfada con la misma rapidez. La mayoría de los niños olvidan fácilmente lo que pasó ayer y viven el hoy sin carga alguna. En general, ni siquiera pueden recordar los malos momentos que pasaron el día anterior, porque todavía no han acumulado nada; enfadarse y desenfadarse es algo natural para ellos. Pero si observamos a los niños que han vivido muchas experiencias traumáticas, veremos que su pasado se refleja en su rostro. Sus ojos han perdido parte de ese brillo natural que vemos en los niños sanos, y se les ve apesadumbrados. Si les decepcionamos no serán capaces de olvidarlo como lo haría un niño que no esté traumatizado. Si no encuentran algún modo de superar los incidentes del pasado que les han provocado las heridas, es probable que también arrastren ese sufrimiento cuando sean adultos. Lo mismo nos sucede a nosotros.

Aferrarse al pasado se podría comparar a coleccionar periódicos de hace cinco, diez, veinte o treinta años. ¿Elegirías conscientemente volver a leer y revivir todas las historias desagradables o llevarías encima el periódico del día? ¿Llevarías los periódicos de un sitio a otro, de un trabajo a otro, de relación en relación? ¿Te los llevarías de vacaciones o a pasar una tarde con tus amigos? Aunque la mayoría no seamos conscientes de que cada día arrastramos nuestras decepciones, resentimientos y culpas, no curar nuestro pasado —no dejar que cierren las heridas— nos roba la energía y agota nuestros recursos como lo haría cargar con un montón de periódicos viejos. Para seguir avanzando es imprescindible que reconozcamos lo que llevamos a cuestas y estemos dispuestos a soltar el lastre. Hemos de comprometernos a terminar los asuntos por resolver.

Si no ponemos punto final a los incidentes desagradables y albergamos resentimiento, remordimiento o culpa, podemos estar seguros de que los asuntos por resolver invadirán nuestro futuro y es más que probable que destruyan nuestros planes. ¿Cómo sucede esto? Del siguiente modo: cuando albergamos emociones negativas como el resentimiento, el remordimiento y el sentimiento de culpa, nos quedamos estancados en la energía negativa que emanan nuestras experiencias por resolver. Entonces nos sentimos atraídos inconscientemente hacia situaciones y personas que presentan componentes de nuestro pasado inconcluso, despertando en nosotros un reconocimiento visceral de esos sentimientos desagradables. Es como en la película *Atrapado en el tiempo*, en la que el protagonista tiene que experimentar el mismo mal día una y otra vez hasta que al final cambia de perspectiva, de actitud, abandona sus resentimientos y deja que todo vaya bien. Nuestra creación inconsciente de experiencias no deseadas parecidas a las que ya hemos vivido es la forma que tiene la naturaleza de darnos una oportunidad para rectificar, sanarnos, hacer las paces o terminar lo que estaba incompleto. Sólo cuando realizamos el trabajo necesario para zanjar emocionalmente nuestro pasado, podemos apartar los obstáculos de energía negativa que se interponen en nuestro camino. Al trabajar partiendo de cero, podemos trazar un plan sin esfuerzo para planificar nuestro mejor año.

Asuntos por terminar

Los asuntos materiales que han quedado sin terminar —como el desorden, proyectos, listas de tareas pendientes y todo tipo de temas que colean— impiden que disfrutemos del escenario propicio para crear lo que queremos. Pesan sobre nosotros, física, espiritual, emocional y mentalmente, robándonos nuestra pasión por la vida. En nuestro mundo exterior se manifiestan en los archivos viejos, los kilos de más, la ropa que ya no nos entra, en los garajes llenos de trastos y aparatos que ya no utilizamos o que no funciona. Cuando nuestras vidas están llenas de asuntos por terminar —tanto si somos conscientes de ello como si no—, nuestra energía y concentración mental están dispersas, nos contentamos con nuestro estado actual y posponemos los proyectos y tareas que son verdaderamente importantes. Si queremos crear un futuro nuevo y poderoso que no se parezca a lo que ya hemos vivido, debemos sanear nuestro pasado y resolver todos los asuntos pendientes para ver con claridad y avanzar con energía.

Imagina que cada uno de tus asuntos por resolver fuera una sanguijuela que está en alguna parte de tu cuerpo chupando tu autoestima, tus sentimientos de dignidad, tu arrojo, tu pasión y tu confianza. Si pudieras ver cada una de estas sanguijuelas, ¿no harías todo lo posible por sacártelas? Te horrorizaría saber que las llevas encima y que te están chupando en silencio tu tranquilidad y tu paz mental. No creo que te quedaras de brazos cruzados ni un minuto dejando que esos bichos se alimentaran de ti. Sé que no es una imagen muy agradable, pero eso es justamente lo que está sucediendo, tanto si lo admites como si no. Terminar todos tus proyectos y tus asuntos del pasado es una forma de deshacerte de esos parásitos ocultos que te absorben la energía y nublan tu visión. Terminar las cosas es un regalo que te haces a ti mismo. Es una forma de darte permiso para poner el pasado en orden, cada cosa en su lugar, para ponerle punto final.

Me acuerdo de Tony, uno de mis *coaches*, que llevaba años intentado que su negocio despegara. Por más que trabajara o que creyera en los servicios que ofrecía, apenas llegaba a fin de mes. Un día le pregunté por casualidad qué asunto sin resolver de su pasado podía estar bloqueando su éxito en el presente. Me contó que ya había fracasado anteriormente en los negocios: años antes, después de convencer a sus amigos y familiares para que invirtieran en una empresa que estaba empezando, ésta fracasó y todos los inversores perdieron el dinero. Aunque Tony pronto cambió de núcleo de amistades y siguió adelante, nunca se disculpó ante los que habían depositado su confianza en él y habían perdido su dinero. Empezó a reconocer que ese tema por resolver era como un fantasma que le había estado acechando, restándole confianza en sí mismo y fomentando sentimientos de vergüenza. Al darse cuenta de que estaba trasladando su pasado al presente, hizo una lista de todas las personas a las que debía una disculpa y reunió el valor para disculparse ante todas ellas. Los meses siguientes, tanto Tony como su negocio cobraron una nueva vida y empezó a tener éxito. Esto es lo que sucede cuando hacemos las paces con nuestro pasado.

Cuando pasas página, empiezas a experimentar una profunda satisfacción. A medida que empieces a liberar la poderosa energía que ha estado encerrada en tus asuntos pendientes, sentirás de forma natural el deseo de crear una vida totalmente distinta de la que has conocido hasta ahora. Puedes avanzar con energía, entusiasmo y una nueva perspectiva. Sólo cuando hayas concluido algo podrá surgir una nueva visión para tu futuro: verás con claridad y exactitud renovadas lo que es posible para ti. Cuando terminas con tu pasado estás en perfectas condiciones para vivir el futuro.

Para poder crear nuestro mejor año, un año que supere nuestra realidad actual, debemos deshacernos de lo viejo y dejar sitio para lo nuevo. No podemos plantar una nueva cosecha encima de la del año pasado y esperar que crezca. Para abonar la tierra de nuestra conciencia, para prepararla a fin de que pueda crecer algo, debemos limpiar las malas hierbas y los rastrojos. Cerrar la puerta de nuestro pasado equivale a poner los cimientos para atraer un futuro nuevo, y hace que se nos abran puertas nuevas. Ayuda a afianzar nuestra integridad y nos sitúa con fuerza en el presente.

....

¡Pasa a la acción! Parte de cero

Haz una lista de los proyectos, las tareas y las relaciones por terminar que te mantienen atado al pasado e impiden que salga lo mejor que hay en ti. Identifica las acciones que debes llevar a cabo para dar por terminado cada uno de los temas incompletos de tu pasado. Imagina lo bien que te sentirás cuando empieces desde cero para crear tu mejor año.

....

5

Evita tus NCZ

En el viaje hacia nuestro mejor año nos encontraremos con obstáculos: llegaremos a descorazonadores puntos muertos, a tentaciones que nos distraerán y nos alejarán de la senda hacia nuestros sueños. Para asegurarnos de que éste será nuestro mejor año tendremos que aprender a evitar esos obstáculos que en el pasado ya nos impidieron seguir avanzando. Tendremos que evitar a toda costa patrones y conductas habituales que no nos ofrecen ninguna recompensa —pensamientos, hábitos, excusas y conductas que evitan que vivamos una vida de calidad—. Yo llamo a estos atractivos rodeos «NCZ»*, porque si nos adentramos en estos senderos tan bien conocidos, estaremos tan lejos de nuestros sueños como lo estamos ahora. Estas conductas son la vía fácil. Muchas veces parecen el camino más sencillo para una solución o una gratificación, pero pronto nos damos cuenta de que no llevan a ninguna parte ni nos ofrecen ninguna recompensa. En otras palabras, son zonas sin premio ni recompensa al final de sus tentadores caminos.

---

* NCZ, de *no-cookie zone, zona sin galleta*, sin premio, sin recompensa. *(N. de la T.)*

Hace mucho años leí un poema breve de Portia Nelson, maravilloso y profundo, en su libro *There's a hole in my sidewalk* que ilustra con gran belleza de qué modo nuestras NCZ hacen que sigamos anclados en las mismas conductas.

CAPÍTULO 1

Camino por la calle.

Hay un gran agujero en la acera.

Me caigo en él.

Estoy perdida... indefensa.

No tengo la culpa.

Me cuesta una eternidad encontrar una salida.

CAPÍTULO 2

Camino por la misma calle.

Hay un gran agujero en la acera.

Intento no verlo.

Vuelvo a caer en él.

No puedo creer que vuelva a estar en el mismo sitio.

Pero no es culpa mía.

Me cuesta mucho salir de allí.

CAPÍTULO 3

Camino por la misma calle.

Hay un gran agujero en la acera.

Veo que está allí.

Pero vuelvo a caer... es una costumbre.

Abro los ojos.

Sé dónde estoy.

Es culpa mía.

Salgo inmediatamente.

Capítulo 4
Camino por la misma calle.
Hay un gran agujero en la acera.
Paso rodeándolo.

Capítulo 5
Voy por otra calle.

Las NCZ son como el agujero en la acera de Portia Nelson. A menudo se presentan bajo la forma de elecciones inofensivas: comer una rosquilla al tercer día de haber empezado una dieta, comprarte cuatro CD de música nuevos cuando podías haber cancelado las deudas de tu tarjeta de crédito, cotillear con un compañero cuando podías estar dedicando tu tiempo a trabajar en tu proyecto, retrasar el pago de tus recibos aunque sepas que te van a crujir con los intereses por retrasarte. Aunque en cada uno de nosotros adoptan distintas formas, nuestras NCZ son como auténticas termitas, destruyen los cimientos de todo lo que podría formar nuestra gran vida.

Las NCZ son baches en el camino equivocado hacia nuestro mejor año. Aun cuando somos muy conscientes de las mismas, nuestras NCZ siguen teniendo poder sobre nosotros. Siguen engulléndonos incluso cuando hemos dicho que no volveríamos a caer en el mismo agujero. Las NCZ nos arrebatan nuestra autoestima y nuestra confianza, y absorben la energía vital que necesitamos para crear nuestra gran vida. Cuando malgastamos nuestra valiosa energía explorando sendas que no nos conducen a ninguna parte, sólo podemos esperar de nuestra vida lo que ya tenemos. Nuestras NCZ nos condenan a la mediocridad y nos garantizan que seguiremos estancados donde estamos.

La mayoría de las personas nos engañamos respecto al grado de destructividad de nuestras conductas. Esto se debe a que nuestras conductas más saboteadoras suelen ir envueltas de una negación muy profunda. Negamos las consecuencias de nuestras acciones y nos engañamos creyendo que llegaremos a donde queremos ir aunque sigamos por el mismo camino yermo. Nuestra negación nos dice: «Puedo huir por aquí una vez más» o «En realidad no me importa si no consigo lo que deseo».

Cuando te das cuenta de que vuelves a estar en la vía por la que ya has ido las suficientes veces como para saber que vas en la mala dirección, estás en una NCZ. Eres consciente de la futilidad de la búsqueda aunque sigas adelante. Normalmente puedes identificar una NCZ porque te has prometido muchas veces no volver a pasar por esa misma experiencia. Una NCZ puede ser tan perjudicial como esperar que tu hijo adolescente saque la basura sin que se lo pidas o tomarte un segundo vaso de vino en la comida. Puede ser esperar hasta el último minuto para renovarte el carné de conducir o llegar tarde a una reunión porque has querido hacer una cosa más de tu lista de asuntos pendientes. No importa lo grande o lo pequeña que sea la NCZ: si te aleja de sentirte bien en la vida, ha llegado el momento de que abandones esa actitud.

Sarah, madre de dos niños pequeños, ansiaba tener tranquilidad, paz y confianza en sí misma. Sin embargo, el estrés, la ansiedad y la inestabilidad eran las emociones que experimentaba habitualmente. Cuando le di la tarea de observar sus NCZ cotidianas, las conductas que le privaban de su seguridad y de su paz mental, se dio cuenta de algo que no había observado antes: hacer muchas cosas a la vez —que ella pensaba que la hacía más eficiente— le estaba impidiendo experimentar esos sentimientos que tanto deseaba. Le pedí que escribiera todas sus conductas de autoengaño a lo largo del día y que anotara su coste en cuanto a paz mental. Ésta es la lista:

1. Hablo por teléfono mientras estoy comprando en el supermercado, eso me distrae y provoca ansiedad. Al final me quita tiempo porque suelo tener que volver a llamar a la persona con la que hablaba para terminar la conversación o tengo que volver a la tienda porque se me ha olvidado algo.
2. Hago tan deprisa lo que tengo que hacer que después me pregunto si realmente lo he hecho y tengo que volver a revisar mi trabajo. Me siento frustrada e insegura.
3. Intento terminar mis llamadas de negocios cuando voy a recoger a los niños del colegio. Si quieren contarme algo de lo que les ha pasado durante el día yo estoy al teléfono, normalmente no les dedico mucho tiempo y no tengo paciencia con ellos. Aunque en ese momento siempre pienso que todavía tengo que hacer una cosa más, luego me arrepiento de esa conducta.

Viendo la lista de NCZ de Sarah podemos darnos cuenta de que su vida va en dirección opuesta de adonde ella quiere ir.

He pasado muchos años preguntándome por qué las personas, a pesar de sus deseos de cambio, siempre terminan tomando esas decisiones que les alejan de sus objetivos. Después de tanto tiempo orientando a miles de personas extraordinarias, he comprendido que seguimos recurriendo a nuestras NCZ porque, de algún modo, tenemos miedo de cambiar.

Tenemos miedo de crecer o a fracasar. La mayoría preferimos quedarnos donde estamos, aunque nos quejemos de nuestra situación, en vez de intentar conseguir la medalla de oro y terminar fracasando. De modo que seguimos cayendo en el agujero que tan bien conocemos, para asegurarnos que estaremos en algún lugar conocido donde encontraremos algo que nos es familiar. Aunque digamos que queremos una vida mejor, más productiva y más plena, seguimos aferrándonos a lo que ya no es útil. Utilizamos una excusa tras otra para explicar por qué no tenemos la vida que deseamos y por qué no se han hecho realidad nuestros sueños.

Con frecuencia las NCZ que más nos ciegan son aquellas en las que caemos a diario. Puede que ni tan siquiera nos demos cuenta, porque se han convertido en algo habitual en nuestra conducta diaria. A fin de reivindicar nuestro poder de elección en esas áreas en las que seguimos ciegamente nuestros impulsos básicos, hemos de identificar las conductas, decisiones, pensamientos, excusas y creencias que nos hacen caer en los mismos errores. Aunque inmediatamente puedan parecer gratificantes, al final estas conductas no tienen recompensa. Cuando identificamos las NCZ, somos más conscientes de las consecuencias de nuestras acciones. Entonces, cuando estemos a punto de entrar en una NCZ, podemos tomar otra decisión que tenga más fuerza, igual que lo hacemos cuando nos encontramos una calle cerrada a la circulación.

NCZ N.º 1: EXCUSAS

Las excusas quizá sean las NCZ más importantes, porque nunca nos llevarán a nuestros objetivos. Son puntos muertos.

Evitan que seamos responsables y que utilicemos nuestro poder. Hacen que nos sintamos indefensos y víctimas de las circunstancias. Son una invitación a la culpa, a que nuestros dedos señalen en otra dirección que no sea la nuestra. Por definición, *excusar* significa «mirar con indulgencia: ver con lenidad o pasar por alto, perdonar». Me gustaría que te plantearas qué pasaría si este año no pudieras utilizar ninguna excusa, qué pasaría si como parte de tu compromiso de crear el mejor año de tu vida eligieras abandonar tus excusas favoritas y más justificadas, qué pasaría si nadie más que tú fuera responsable de cómo te ha ido este año. Como sabrás, hay una interminable lista de excusas para justificar por qué no puedes o no debes hacer que éste sea tu mejor año.

Las excusas son automáticas, no necesitas pensarlas ni tener creatividad. Muchas personas están tan familiarizadas con ellas que ni siquiera se dan cuenta de que son excusas. Aparecen como la verdad de sus vidas. Pero escucha esto: las excusas no son la verdad. Todos las tenemos, todos las usamos y todos fingimos que son ellas las que nos restan el poder. Pero si queremos vivir el mejor año de nuestra vida debemos estar dispuestos a abandonar todas las excusas que hemos utilizado. Debemos plantearnos esta pregunta fundamental: ¿Quiero estar a favor de mi visión o de mis excusas?

Las excusas evitan que nos responsabilicemos de nuestras vidas y que veamos la verdad de nuestra realidad actual. Son literalmente nuestra «excusa» para no actuar con la responsabilidad, el poder y la creatividad propias de los seres humanos que somos. Las excusas se han convertido en una forma socialmente aceptable de darnos la «salida» que estábamos buscando. Nuestras excusas gritan: «No es culpa mía»; «No pude evitarlo»; «No he tenido tiempo»; «Mis hijos me necesitan»; «Le dije a Sally que se encargara de ello»; «Esto no forma parte de mis responsabilidades laborales»; «No puedo hacerlo todo»; «Es demasiado grande»; «El cansancio me ha vencido»; «Tengo demasiado trabajo»; «No soy bastante inteligente»; «Yo hice mi parte, pero ellos no hicieron la suya»; «Las personas que tengo a mi alrededor son irresponsables»; «Otra persona debería encargarse de esto»; «Todo se irá al traste si no hago esto»; «Tengo migraña»; «El sistema está estropeado». Las excusas transfieren todo nuestro poder interno a las circunstancias externas y acaban con nuestra capacidad para crear resultados. Sabotean nuestros sueños de futuro y nos envían una y otra vez al camino de siempre. Las excusas tienen la habilidad de infiltrarse en nuestros deseos más profundos y en nuestros planes más concretos para privarnos de esa vida que queremos.

Una de las participantes de un curso sobre cómo crear tu mejor año vino a una reunión de seguimiento con algo que para ella fue toda una realización: sus excusas estaban justificadas, es decir, tenían credibilidad. Estaba atónita. Pero cuando le pedí que observara más detenidamente, se dio cuenta de que *todas* las excusas están justificadas. Simplemente decimos: «Bueno, voy a usar una excusa para no hacer esto, o no ser aquello, o no tener lo que quiero en mi vida». La mayoría de las personas tenemos muchas pruebas de que nuestras excusas son reales. Por supuesto, unas son más fáciles de justificar que otras, por ejemplo: «No puedo ampliar mi negocio porque tengo hijos pequeños»; «No puedo pagar mis deudas porque mi pareja no puede aportar dinero»; «No puedo comprarme un ordenador nuevo y empezar a escribir mi libro porque no tengo dinero en el banco». Aparentemente, parecen ser excusas más que justificadas. Parecen ser la verdad, porque hay pruebas que evidencian esa limitación que estamos arguyendo. Pero si las contemplamos detenidamente, si realmente queremos ver más allá de nuestro «No puedo», veremos que a menos que exista alguna circunstancia que haga que sea físicamente imposible para nosotros hacer lo que queremos hacer, es una forma de excusa del tipo «No lo haré». Aunque esté justificado, es una excusa.

¿Cómo puedo distinguirlo? Porque si fuera un asunto de vida o muerte, la mayoría encontraríamos el modo de conseguir más dinero para comprar un ordenador, educar a nuestros hijos cuidando de nuestro negocio o pagar nuestras deudas sin la ayuda de nuestra pareja. Ahora bien, puede que tengamos que entregar algo a cambio para poder completar nuestra tarea. Puede que tengamos que sacrificar una parte de nuestro tiempo libre o hallar el valor para pedir ayuda. Puede que tengamos que responsabilizarnos de educarnos nosotros en lugar de buscar el apoyo de nuestra pareja. La cuestión es que, si realmente estamos comprometidos con nuestro destino, puede que tengamos que abandonar todas nuestras excusas, justificadas o no. Sólo entonces seremos los amos de nuestro destino.

Todos hemos oído muchas historias de personas que se han hecho responsables de sus propias vidas y han conseguido resultados increíbles. Personas que venían de la nada, sin educación, ni ayuda, ni recursos, ni ventajas, que se lanzaron al mundo e hicieron que sus vidas fueran extraordinarias. Personas que se sobrepusieron a sus circunstancias y desafiaron los obstáculos. Hicieron que sucedieran cosas, sin excusas. Todos tenemos este poder.

Si quieres vivir una vida que supere tus sueños —crear un éxito que jamás pensaste que fuera posible—, debes adoptar este grado de responsabilidad. Si haces que tu vida sea «una zona libre de excusas», avanzarás mucho más deprisa a través de cualquier obstáculo que encuentres en tu camino y conseguirás mil veces más resultados de los que logras ahora. Todas las excusas son NCZ que impiden que vivas la vida que deseas. Hoy tienes la oportunidad de comprometerte a circular por una autopista, en vez de por una senda llena de baches, y de vivir una vida sin excusas. Cuando no hay excusas, sólo puedes seguir un camino: el camino hacia tu mejor año.

* * *

¡Pasa a la acción! Identifica tus excusas

Haz una lista de las excusas que utilizas para justificar tu condición actual. Toma la poderosa decisión de abandonar tu excusa favorita, aunque esté justificada, por la que no puedas disfrutar de tu mejor año. Observa lo eficiente que eres cuando te pones a favor de tu objetivo en lugar de ponerte del lado de tus excusas.

* * *

NCZ N.º 2: DIÁLOGO INTERIOR NEGATIVO

Una de las NCZ más detestables y debilitadoras no es la que viene de un obstáculo exterior, sino de nuestra propia mente. Si no le prestamos atención, nuestro diálogo interior puede causar estragos en nuestra vida, interferir en nuestros planes y evitar que alcancemos —o que intentemos alcanzar— nuestras metas. Nuestros pensamientos dictan nuestra conducta y nuestras acciones. Nuestra mente nos dice qué somos capaces y qué no somos capaces de hacer y conseguir. La mayoría intentamos desesperadamente controlar nuestras mentes, o mejor aún, hacer oídos sordos a esa incesante charla negativa que nunca se detiene. Si queremos tener éxito en la creación de una vida que sobrepase nuestros límites actuales, debemos de controlar esa charla interior. Lo que me parece fascinante es que, en general, pensamos que nuestro diálogo interior lleva razón. No entendemos que todos lo oímos y que, aunque esté siempre presente, no debemos escucharlo. En la medida en que creamos en nuestro diálogo interior, continuaremos creyendo en las limitaciones que nos hemos impuesto y permaneceremos dentro de los confines que nos hemos creado. Para disfrutar de una vida mejor y más gratificante que la que estamos viviendo, es necesario hacer las paces con nuestro diálogo interior y recuperar el poder que le hemos concedido.

Cuando hemos distinguido los diálogos internos que hacen que repitamos las mismas conductas y sigamos las mismas instrucciones, podemos identificar esos diálogos con la etiqueta de NCZ. Luego, en lugar de escucharlos y seguir sus órdenes, podemos decir: «¡Vaya! Me está visitando una NCZ y, aunque sólo sea un momento, voy a optar por no adentrarme en ella». Ser conscientes de nuestros pensamientos antes de actuar nos permite tomar mejores decisiones, las que podrán conducirnos a la senda de nuestros sueños.

Otra forma en que nuestro diálogo interior nos programa para fracasar es a través de nuestras expectativas negativas. Esperamos no conseguir lo que deseamos, no agradar a los demás o fracasar y sufrir. Nuestras expectativas negativas no son la verdad, pero algunas personas viven como si lo fueran.

Normalmente nuestro estrés y ansiedad no los provocan los acontecimientos mismos, sino nuestras previsiones negativas de lo que está por venir. Aun cuando se producen circunstancias que prueban que nuestras previsiones estaban equivocadas, solemos caer en un estado de decepción que es el que impide que sintamos gratitud por el resultado positivo que se ha producido.

Las expectativas negativas nos sacan del presente y nos lanzan a una proyección distorsionada del futuro. Evitan que experimentemos o que nos demos cuenta del aspecto positivo de una situación. En el momento en que creamos una expectativa negativa, colocamos a las personas y a las circunstancias de nuestra vida dentro de una caja con la etiqueta de «De aquí no puede salir nada bueno». Nuestras expectativas negativas nos alejan de la realidad. Evitan que conozcamos los hechos o que intentemos conocerlos. Pero quizá lo peor de todo sea que nuestras expectativas negativas suelen terminar cumpliéndose y nos conducen a las experiencias que queremos evitar.

La mejor forma de reducir el poder de nuestras previsiones negativas es reconocer los momentos en los que no se han hecho realidad. Una de las asistentes a mis programas de *coaching* hizo lo que voy a explicar a continuación. La invitaron a una fiesta en la que estaba segura de que no iba a encajar. Su diálogo interior estaba cargado de expectativas negativas que le decían: «No te vas a divertir. La gente que irá a la fiesta no es como tú». Pero como se había comprometido a disfrutar de su mejor año y a conseguir que cada momento fuera extraordinario, creó una nueva expectativa —divertirse— y quedó gratamente sorprendida cuando se dio cuenta de que se lo había pasado mejor nunca. La realidad había vencido a sus expectativas negativas. Al dedicar un tiempo a reconocer conscientemente que sus expectativas negativas no siempre eran ciertas, también pudo reconocerlas como NCZ y crear expectativas positivas para sustituirlas.

Revisar cuánto tiempo y energía dedicas a las NCZ de tu diálogo interior y ver en qué medida éste es el culpable de tus expectativas negativas es un gran ejercicio. Luego, puesto que tienes la posibilidad y el derecho de hacerlo, silencia ese diálogo e identifícalo como una NCZ, para poder tomar una nueva y poderosa decisión que te ayude a crear tu mejor año.

• •

¡Pasa a la acción! Sé consciente de tu diálogo interior negativo

Empieza a observar el diálogo interior negativo que merma tu energía y tu autoestima. La próxima vez que empieces con esta familiar charla etiquétala como NCZ en lugar de seguir a ciegas sus instrucciones. Sé consciente de tus expectativas negativas y acostúmbrate a sustituirlas por otras positivas.

• •

NCZ N.º 3: EL JUEGO DE LA CULPA

Las reglas del juego son las siguientes: no es culpa mía, es culpa tuya. Yo no lo he hecho y te haré pagar por ello aunque me cueste la vida. El juego trata de buscar una persona, lugar o cosa y hacerles responsables de lo que está pasando (o no está pasando) en tu vida. Es un juego en el que nadie gana. Es un juego en el que siempre te golpeas contra las mismas paredes mientras intentas encontrar al causante de tu malestar y descontento.

Durante doce años, mi amiga Laura culpó a su esposo de que no le proporcionaba el estilo de vida que ella creía que debía darle un hombre. En lugar de centrarse en su propia carrera y de buscar formas para ganar más dinero y comprar las posesiones que tanto quería, desperdició años y energía culpándole de su infelicidad. Cuando por fin se dio cuenta de que estaba atrapada en una NCZ llamada el juego de la culpa, decidió reclamar el poder y recobrar toda esa energía que había desperdiciado en culpar a su marido y utilizarla en su carrera. Al darse cuenta de que estaba atrapada en su NCZ recobró la fuerza para seguir adelante con su vida y con sus sueños.

Para vivir nuestro mejor año, tendremos que dejar de culpar a los demás de nuestra situación actual. Cuando culpamos a otra persona de cualquier circunstancia, aunque tengamos razón, disminuye nuestro poder para realizar los cambios que queremos hacer. Culpabilizar se ha convertido en la enfermedad de nuestro tiempo. Nos convierte en víctimas y nos deja indefensas ante las circunstancias. Cuando estamos estresados, agotados o resignados, podemos estar seguros de que hemos caído en la conciencia de la víctima y que hacemos responsable a otra persona o personas de nuestra realidad. Cualquier cosa que decimos o hacemos que señala a otro nos resta poder.

Una vez somos conscientes de que vivimos como víctimas en algún aspecto de nuestra vida, el paso siguiente es sencillo: observar a quien estamos culpando y luego dejar de hacerlo. Debemos reivindicar la responsabilidad de nuestra propia experiencia. No importa lo que otro te haya hecho, si continúas culpándole, desgraciadamente, perderás en el juego. Aunque te hayan enseñado a aferrarte —a apegarte— a tus rencillas, te pido que las abandones ahora mismo. Si no lo haces, no tendrás más remedio que cargar con tu pasado en el futuro y seguir por sendas que te conducen a un lugar distinto del que quieres ir. Para crear tu mejor año has de estar en pie, aceptar totalmente la responsabilidad de tu propia vida y seguir adelante, independientemente de lo que hagan o dejen de hacer los demás. El juego de la culpa siempre es una NCZ, porque nunca hay recompensas al final de ese túnel.

••

¡Pasa a la acción! Deja de jugar al juego de la culpa

Identifica de qué parte de tu vida estás culpando a otra persona y permítete sentir cuánto poder tienes si te responsabilizas por entero de crear tu mejor año.

••

NCZ N.º 4: ACTITUDES INFLEXIBLES

Nuestras actitudes inflexibles deben considerarse NCZ porque nos transforman: en lugar de ser personas apasionadas, juveniles y flexibles, nos transforman en personas amargadas, cansadas, resignadas e inflexibles. Este tipo de posturas muchas veces se crean sin que seamos plenamente conscientes de ellas. Tenemos una experiencia en una etapa temprana de nuestra vida y sacamos una conclusión. Puesto que no queremos admitir que nuestras conclusiones son infundadas, débiles o limitadas, discutimos por ellas y al hacerlo, sin darnos cuenta, adoptamos una postura inflexible que puede interferir en nuestro viaje hacia nuestro mejor año. Puesto que la mayoría detestamos la idea de estar equivocados, solemos aferrarnos a nuestras posturas, aun cuando nos hacen desgraciados o evitan que tengamos la vida que nos gustaría. Zack probablemente sea un buen ejemplo.

Zack es un hombre joven con mucho talento que una vez trabajó para Beth, una colega mía. Ganó mucho dinero haciendo un trabajo que para él era gratificante. Al principio trabajaron en equipo, pero con el tiempo a Beth le resultó imposible trabajar con Zack porque siempre discutía con ella respecto a cómo dirigía su negocio. Pasaron mucho tiempo discutiendo sobre sus diferencias e intentando descubrir una forma de hacer llevadera su situación. Pero al cabo de cerca de un año, Beth se dio cuenta de que estaba discutiendo con una postura inflexible que, aunque poco tenía que ver con ella, al final conseguiría que Zack dejara un trabajo que adoraba.

Decepcionado por no poder arreglar sus diferencias con Beth, Zack vino a pedirme consejo. En el transcurso de nuestra conversación, descubrimos cuál era la causa de la actitud de Zack. Resulta que hacía años, cuando era sólo un muchacho, tras sufrir varios abusos por parte de una prima, Zack llegó a la conclusión de que ninguna mujer le dominaría o heriría. Esta resolución tan inflexible se convirtió inconscientemente en su actitud habitual. Aunque era consciente de su postura, no estaba dispuesto a abandonarla. Al final, a Beth y a Zack les fue imposible trabajar juntos. Éste fue sin duda un caso en el que ganó la inflexibilidad.

Todas las actitudes inflexibles surgen del miedo. Si estamos dispuestos a descubrir el miedo y enfrentarnos a él, podemos abandonar fácilmente esas posturas que impiden que veamos nuestra situación con claridad. Si Zack hubiera estado dispuesto a enfrentarse a su temor de que las mujeres le hicieran daño o le dominaran, podría haber vencido el poder que esta postura tenía sobre él y haber permitido que surgiera otra realidad.

Nuestras posturas son como cortinas que no nos dejan ver y hacen que repitamos los patrones del pasado. A continuación expongo algunas actitudes inflexibles que mis amigos, familiares, compañeros de trabajo y miembros de mi comunidad han querido compartir conmigo.

Los ricos son avaros.

Las mujeres deben ser pasivas.

Los hombres han de pagarlo todo.

Todo el mundo debería tener un título universitario.

La muerte es mala.

Fracasar es malo.

Los vegetarianos están más desarrollados espiritualmente.

La gente buena no es egoísta.

Todo el mundo debería marcharse feliz de este mundo.

Todos hemos de cuidar de nosotros mismos.

Las personas de izquierdas son progresistas hasta la médula.

Las personas de derechas son fascistas que tienen grandes negocios y sólo se preocupan del dinero.

La gente es idiota.

Los padres no deberían separarse por el bien de sus hijos.

Las madres deberían estar en casa con sus hijos.

Para los hombres es fácil.

Yo podría hacerlo mejor.

El divorcio es malo.

La ira es mala.

El odio es malo.

Todo el mundo debería estar en forma.

La televisión es una pérdida de tiempo.

Es demasiado tarde para empezar una nueva profesión.

Los pobres son perezosos.

Los ricos sólo se preocupan de ellos mismos.

La gente no debería criticar.

La gente debería querer ayudar a los demás.

Vivimos en un mundo en que el pez grande se come al pequeño.

Tengo que cuidar de todos.

No hay nadie que me apoye.

Sé lo que es bueno para mí.

No necesito a nadie.

Tengo más sensatez que el resto del mundo.

Yo tengo razón y tú estás equivocado.

A fin de neutralizar nuestras actitudes, primero debemos admitir que las tenemos. Hemos de estar dispuestos a aceptar el hecho de que no somos Dios todopoderoso y que no lo sabemos todo. Para que el próximo año de nuestra vida sea diez veces más inspirador, pleno y apasionante que el pasado, tendremos que desistir de nuestras actitudes y ser capaces de ver las cosas con una visión distinta. Tendremos que abandonar nuestra convicción de que tenemos razón y equivocarnos de vez en cuando. Hemos de estar dispuestos a ver la vida con nuevos ojos y concedernos un descanso a nosotros mismos y a los demás. Cuando abandonamos nuestras posturas inflexibles, volvemos a lo que los budistas llaman la *mente del prin-*

cipiante. Es la mente de un niño inocente, para el que toda realidad es posible. La mente del principiante nos permite abrirnos a nuevas experiencias y probar nuevas perspectivas. Este estado mental es lo que necesitamos para conseguir lo mejor de nuestra vida.

....

¡Pasa a la acción! Identifica tus actitudes inflexibles

Empieza a observar todos los aspectos en los que tengas la convicción de que la vida ha de ser de una forma en particular y haz una lista de las actitudes inflexibles que adoptas en esas áreas. Pregúntate: «¿Qué tengo miedo de encontrar si abandono mi actitud? ¿Qué nueva creencia me iría mejor para crear el mejor año de mi vida?»

....

NCZ N.º 5: CONDUCTAS DE AUTOENGAÑO

Si lo que deseas es dejar de tener deudas, pero te das cuenta de que estás comprando por catálogo en Internet a mitad de la noche, has entrado en una NCZ que amenaza con privarte de los resultados que deseas. Si anhelas disfrutar de más pasión y relaciones íntimas con tu pareja, pero sueñas con otra persona, estás en una NCZ que no hace nada para acercarte al resultado que deseas. Si tu meta es aumentar tus ingresos un veinte por ciento y sigues en un trabajo donde no hay potencial para conseguirlo, estás en una NCZ. Si quieres perder diez kilos, tomar postres cargados de azúcar es una NCZ que te garantiza que tu meta seguirá siendo inalcanzable.

Cualquier conducta de autoengaño que te aleja de lo que deseas o te distrae de tus metas es una NCZ. Estas conductas absorben tu vitalidad y te agotan, no te dejan acceder a la poderosa energía que necesitas para crear esa vida que tanto anhelas. Veamos algunos ejemplos de dichas conductas:

- Jugar al solitario en el ordenador cuando estás trabajando, si lo que deseas es ascender en la empresa.
- Ordenar tu lista de cosas pendientes por prioridades y luego empezar por el final.
- Entrar en un restaurante de comida rápida cuando te habías propuesto comer sano.
- Centrarte en lo que han de hacer otras personas en lugar de pensar en lo que has de hacer tú.
- Ponerte a hablar por teléfono con una amiga justo antes de ir al gimnasio.
- Decir que no a tus hijos y al cabo de quince minutos darles lo que les habías negado.
- Decir que quieres dejar el alcohol y reunirte con un amigo en el bar.
- Desear que tu vida sexual vaya mejor y quedarte viendo la televisión cada noche.
- Soñar con ahorrar dinero para el futuro y gastar más de lo que ganas cada mes.
- Decir que quieres tener una relación más estrecha con tus hijos adolescentes y criticar sus decisiones.
- Retrasar acciones que te darán lo que deseas.
- Preocuparte por lo que otras personas piensen de ti.

Si queremos que nuestra vida mejore, hemos de abandonar este tipo de conductas de autoengaño.

Rick, uno de los asistentes a uno de mis cursos de formación avanzados, descubrió que su gran NCZ era ver películas de madrugada. Estaba en la cumbre de su carrera cuando adoptó este hábito y durante casi dos años vio cómo su negocio se tambaleaba lentamente, mientras él entraba medio dormido en su despacho cada mañana. Pauline, una enfermera de urgencias, sólo quería tener una relación más íntima con su esposo y sus dos hijos, pero cada noche, cuando salía de trabajar, en lugar de estar en casa ayudando a sus hijos con los deberes prefería dejar esa tarea a su marido mientras ella se dedicaba a navegar por Internet y a comprar por catálogo. Podría contar muchos más ejemplos, pero estoy segura de que a estas alturas probablemente ya habréis identificado una o más de vuestras NCZ.

Todos las tenemos y casi seguro que las hemos maldecido más veces de las que podemos recordar. Pero ahora, con nuestro compromiso de vivir nuestro mejor año, tenemos el incentivo perfecto para tomar nuevas decisiones. Ésa es la fuerza que surge de vivir con un propósito poderoso. Lo que determinará si éste será el mejor año de nuestra vida o sólo un año más que se vive y se olvida pronto serán las decisiones que tomemos cada día. Debemos elegir en cada momento si vamos a seguir caminando por la calle que tiene el agujero o si vamos a ir por otra. Permitir que nuestras excusas, nuestras expectativas negativas, nuestro diálogo interior destructivo y nuestras conductas de autoengaño dicten nuestras decisiones es muy habitual. Si estamos dispuestos a empezar a tomar una serie de decisiones extraordinarias a partir de ya mismo, podemos hacer que la posibilidad de vivir nuestro mejor año se haga realidad. Lo único que debemos hacer es tomar algunas de esas decisiones cada día.

....

¡Pasa a la acción! Identifica tus conductas de autoengaño

Haz una lista de las conductas, las elecciones y los hábitos que impiden directamente que llegues a ser la persona que deseas. Ahora reflexiona sobre las nuevas conductas y elecciones que puedes hacer para que este año sea extraordinario. Puedes visitar nuestra página web www.bestyearofyourlife.com para descargar una hoja de trabajo que te ayudará a identificar tus NCZ.

....

6

Planifica tu año

Eran las cuatro de la madrugada y llevaba casi una hora despierta sin poder dormir. Al principio pensé que me había despertado un momento, como suele pasarme cada noche a eso de las tres, pero a los veinte minutos me di cuenta de que eso no era normal. Mi mente empezó a darle vueltas a lo que me había sucedido durante el día y mi tranquila somnolencia pronto se convirtió en desasosiego. Intentaba comprender por qué estaba tan inquieta. ¿Qué me preocupaba tanto que no me dejaba dormir? Luego escuché estas palabras: «No tienes un plan». Mi primer pensamiento fue: «Pues claro que tengo un plan. Tengo muchos planes. Puede que el problema sea que tengo demasiados planes...» A medida que mi cabeza seguía dando vueltas, intentaba comprender el sentido exacto de esas palabras. Luego lo entendí. Recordé que había pasado la mañana con Gary, mi novio, y con el contratista que tenía que empezar a construir nuestra casa la semana siguiente. Había al menos un centenar de detalles que requerirían mi atención en los próximos meses y no tenía ningún plan sobre cuándo y cómo podría resolverlos. Puesto que, como era habitual, tenía una agenda que asustaría hasta a un adicto al trabajo, mi psique me estaba avisando de que me preparara para nueve meses de estrés. Esto era sólo un pequeño ejemplo a mitad de la noche de lo que me esperaba si no trazaba un plan.

Ahora he de admitir que esta noticia fue una sorpresa para mí, porque yo era la primera en insistir que tenía un plan para todo. Me dedico al *coaching* todo el día y aconsejo a las personas sobre sus planes, pero acostada en la cama las 3.40 horas pude ver que, aunque tenía un plan bien pensado para la mayor parte de las áreas de mi vida, no tenía uno para el que iba a ser uno de los mayores proyectos que iba a emprender ese año. Me di cuenta de que había empezado un largo viaje... sin mapa. Sabía adónde quería ir, pero no tenía ni idea de lo que me iba a costar. Descubrí que si no tenía un plan bien confeccionado, con las fechas de entrega y los presupuestos, me estaría embarcando en un largo viaje de noches en vela por el infierno de la construcción.

Los planes bien concebidos son la clave para la paz mental. Si queremos descansar en paz, durante el día o la noche, hemos de planificar cuidadosamente nuestras acciones y saber qué es lo que queremos conseguir, adónde vamos y cómo haremos realidad nuestra meta. Aunque nuestros planes puedan cambiar, tener una estrategia nos permite modificar nuestro trayecto y adaptarnos a las circunstancias sin que ello nos provoque ansiedad. He tenido suerte en mi vida, porque de algún modo he dominado el truco de manifestar lo que quiero sin tener que planificarlo sobre papel. Pero pude ver que, en este caso, el coste de arreglárselas sobre la marcha era mayor de lo que yo podía pagar, especialmente cuando estaba en juego el destino de la casa de mis sueños. No podía afrontar ni económica ni emocionalmente no saber las acciones concretas que tenía que realizar cada día. De modo que me levanté de la cama y empecé a escribir todo lo que tenía que hacer para asegurarme de que todo se iba a llevar a cabo a su debido tiempo, con una integridad absoluta.

Mientras escribía descubrí varias preguntas clave que tenía que responder para diseñar un plan específico que me garantizara que conseguiría mi meta. Aunque responder estas preguntas requería tiempo y esfuerzo por mi parte, sabía que el tiempo que invirtiera en planificar me evitaría estrés, ansiedad y tener algo que lamentar. A continuación expongo las preguntas y las respuestas que me hice.

1. ¿Adónde quiero ir? ¿Cuál es mi visión o mi destino final?
   Mi destino es construir la casa de mis sueños con Gary, un hogar para nuestra familia, donde podamos sentirnos a gusto, tranquilos y seguros.

2. ¿Cuál es la meta específica que me conducirá a mi visión? ¿En qué fecha quiero que esté terminada?
   Mi casa estará terminada y lista para vivir dentro de nueve meses a partir de ahora.

3. ¿Cuál es la magnitud exacta del proyecto o de mi visión?
   He de escoger los suelos, armarios, lavabos, bañeras, grifería, los armarios de la cocina, el mármol de la cocina, las puertas y los muebles de la sala de estar, del comedor, de la sala de recreo, del office y de las habitaciones.

4. ¿Cuáles son los momentos decisivos dentro del proyecto?
   Quiero haberlo seleccionado todo en los próximos seis meses, incluidos los muebles.

• • •

5. ¿Cuáles de las habilidades que poseo me ayudarán a conseguir mi meta?
   - *Soy una persona decidida y sé lo que me gusta.*
   - *Tengo una visión clara del resultado final.*
   - *Sé delegar.*

6. ¿Que habilidades necesito desarrollar para hacer el trabajo?
   - *He de saber confiar en mi intuición.*
   - *Tendré que desarrollar una disciplina para ceñirme a mi plan sin salirme del presupuesto.*

7. ¿Qué ayuda o apoyo necesito?
   Necesito una lista del constructor donde me indique todo lo que necesita y cuándo se ha de recoger.

8. ¿Cuánto tiempo necesitaré cada día o a la semana para dedicarme a este asunto?
   Necesitaré seis horas a la semana durante aproximadamente diez semanas, luego dos horas a la semana como recordatorio del proyecto.

9. ¿Cómo organizaré mi tiempo?
   Dedicaré una hora al día para evaluar en qué punto nos encontramos, hacer llamadas y revisar con el constructor que todo se esté haciendo a tiempo y que su equipo tiene todo lo que necesita para hacer un buen trabajo.

10. ¿Cuáles son las NCZ que debo vigilar?
    - *No seguir las fechas planificadas.*

- *Planificar las reuniones durante diferentes días de la semana en lugar de convocarlas para el mismo día.*
- *Tomar decisiones precipitadas que más tarde lamentaré.*
- *Dejar que otros me disuadan del aspecto que le quiero dar a la casa.*
- *Utilizar excusas: «Puedo esperar a la semana que viene»; «Mi trabajo es más importante que esto»; «No tengo tiempo, así que dejaré que los demás decidan por mí».*
- *Ceder mi poder a los demás por creer que entienden más que yo.*
- *No responsabilizarme por completo del resultado final.*
- *Insistir en un producto, tejido o fabricante en concreto.*
- *Pasarme del presupuesto en productos que no son esenciales para el acabado final.*

11. ¿A quién le pediré que me recuerde que cumpla mi palabra?

    A Gary.

12. ¿Cuáles serán las consecuencias de no seguir mi plan?
    - *Estrés durante los nueve meses siguientes.*
    - *No tener la casa acabada a tiempo.*
    - *No poder trasladarnos en la fecha prevista.*
    - *Revisar el presupuesto y que nos falte dinero para terminar la casa.*
    - *Pasar noches de agitación y de insomnio.*
    - *Ponerme enferma por no haber descansado bien.*

- *No poder disfrutar de mi maravillosa vida.*
- *Estar resentida y furiosa por no haber hecho lo que había dicho que haría.*
- *Tener conflictos y tensiones innecesarios con Gary.*
- *Privarme de la felicidad y la emoción de construir la casa de mis sueños.*

13. ¿Cuáles son las recompensas si sigo mi plan y llego a mi destino?
    - *Tener una bonita casa donde mi familia pueda vivir y prosperar.*
    - *Gozar de un lugar inspirador donde Gary y yo podamos estar juntos cada día para recargar baterías.*
    - *Disponer de un espacio hermoso donde nuestros amigos y familiares puedan venir a quedarse, a comer y a sentir la calidez y el amor de nuestros corazones.*

En cuanto escribí mi plan, me sentí tranquila y segura. Todas las preocupaciones que corrían por mi mente y la ansiedad que me estaba robando el sueño desaparecieron. Aunque no tenía todas las respuestas para completar mi plan con facilidad, soltura y alegría, al menos lo había expuesto delante de mí con claridad, paso a paso. En lugar de sentirme desbordada y ansiosa, ahora me sentía tranquila, con las ideas claras y con la certeza de que podía seguir avanzando con decisión.

Cuando sabes adónde vas y cómo has de proceder, disfrutas del don de la certeza. Tener certeza en la vida nos proporciona paz y nos ayuda a tomar decisiones claras y exactas. Luego, cuando te levantas por la mañana, puedes consultar tu plan en lugar de escuchar a tus emociones o a tu mente parlanchina. Seguir un plan de acción te permite ver qué es lo que tienes que hacer cada día para llegar a tu meta. Cuando tienes las cosas claras y confianza en tu criterio, tienes la fuerza para seguir adelante con acciones claras y concisas que te conducirán rápidamente a tu destino. La certeza es un estado de ser que favorece las acciones correctas.

Llevar a cabo tu visión para vivir tu mejor año requiere introspección y reflexión. No te marcharías de viaje con la intención de pasar las mejores vacaciones de tu vida sin planificar adónde quieres ir, cómo vas a llegar allí, cómo te quieres sentir, cuánto tiempo quieres estar, con quién quieres ir, qué es lo que te has de llevar y qué guías o ayudas puedes necesitar por el camino. En realidad, crear tu mejor año no es muy diferente de planificar unas vacaciones extraordinarias. Se necesita tiempo, hablar, planificar, tomar decisiones y varias habilidades más. Para crearlo, has de descubrir exactamente qué cambios has de hacer y qué estructura has de crear para considerar que va a ser tu mejor año. También tendrás que saber qué necesitarás para mantener tu visión, para tenerla siempre presente, para que a los seis meses no la hayas olvidado. Sin una estructura clara que te ayude a hacer los cambios que te has comprometido a hacer, no es probable que puedas llevarlos a cabo. Tu visión ha de plasmarse en un plan de acción detallado que debes tener siempre delante si quieres llegar a tu destino. Un plan de acción que tenga fuerza te ofrecerá grandes resultados y te garantizará que no caigas en los patrones familiares de tu pasado; te ayudará a esquivar los baches de la carretera y a evitar tus NCZ. Te has de comprometer con tu plan y utilizarlo como guía si verdaderamente quieres llegar a tu destino. Las secciones que vienen a continuación te guiarán a través de los pasos que has de realizar para que tu visión de vivir el mejor el año de tu vida dé fruto.

DEFINE TUS METAS

Uno de los efectos de nuestra cultura, impulsada por los deseos y orientada a los logros, es que parece haber mucha confusión respecto a lo que es una meta. La mayoría hemos tomado alguna clase o leído algún libro o artículo sobre cómo fijarse metas. Muchas personas a las que hago *coaching* dicen tener metas y estar trabajando en ellas, pero si lo analizan detenidamente descubren que lo que hacen es alimentar una visión fantasiosa. No tienen claro lo que quieren, por lo tanto no tienen modo de saber si lo han conseguido. Pero lo más importante es que no tienen un plan específico que les asegure que están realizando las acciones productivas y coherentes para lograr su supuesta meta.

Si una visión es la gran imagen de cómo queremos que sean nuestras vidas, entonces el proceso de fijarse metas e hitos consiste en especificar los caminos que nos conducirán a la realización de nuestra visión. Fijarse metas y desglosarlas en hitos, que serán los marcadores de nuestro progreso, es un proceso claro y eficaz para realizar un cambio productivo.

Aunque la práctica de fijarse metas y especificar marcadores claros pueda parecer una labor un poco vulgar y tediosa dentro de la glamurosa idea de vivir la vida de tus sueños, en realidad es la parte más importante. Puedes pensar en este proceso como en los planos para construir lo que más deseas. Nadie intentaría construir la casa de sus sueños sin unos planos. Entonces, ¿por qué crees que puedes construir la vida de tus sueños sin ellos?

Las metas, junto con acciones bien diseñadas y ejecutadas que las apoyen, suponen una de las cosas más sorprendentes de nuestra vida, un método infalible para llegar adonde queremos ir. Enfrentarte a tus limitaciones actuales y superarlas es una aventura apasionante y cargada de fuerza. Piensa en ello: ¿qué puede ser más emocionante que mirar atrás y darte cuenta de que has dado grandes pasos hacia tu visión mientras te vas convirtiendo en la persona que siempre has querido ser?

Para que nuestras metas sean verdaderamente útiles y eficaces han de tener ciertas características y pasar algunas pruebas básicas. Si nuestras metas no tienen estas características, estaremos confiando en que los caprichos del destino nos aportarán lo que queremos; también nos estaremos engañando: creeremos que estamos progresando en nuestra vida cuando en realidad no nos moveremos del mismo sitio. Veamos cada una de estas características positivas.

- En primer lugar una meta debe estar *bien definida*. Esto significa que has de exponer con exactitud lo que quieres conseguir, de una forma clara, concisa y fácilmente comprensible.

- Después una meta debe *ser mensurable*. Has de ser capaz de poder cuantificarla de tal modo que no te quepa la menor duda de que la has alcanzado.

- Tercero, una meta se debe enmarcar dentro de un *período de tiempo*. Debes fijar una fecha para empezar y una para alcanzarla.

- Una meta *debe ser realista*. Entonces habrá muchas posibilidades de que la alcances.

- Alcanzar la meta *debe estar en tus manos*. No ha de depender de la buena suerte, de la intervención divina o de otra persona.

- Tu meta debe tener *un plan* para su realización: una estructura clara que incluya acciones paso a paso, recursos, habilidades y el apoyo necesario para su consecución.

Voy a poner un ejemplo de meta específica, mensurable, realista y que tiene un plan.

La meta de Kelly: perder doce kilos y conseguir su peso ideal.

¿Cómo sabré que he alcanzado mi meta? Pesaré cincuenta y nueve kilos y podré llevar una talla cuarenta sin que me apriete.

¿Cuándo empezaré a trabajar en esta meta y cuándo deseo alcanzarla? Empezaré el 1 de febrero y la conseguiré el 1 de agosto.

¿Cuál es mi plan para alcanzar mi meta?
1. El 1 de febrero contrataré a un *coach* para que me ayude a confeccionar mi dieta y a mantener mi palabra.
2. Eliminaré el azúcar, el alcohol y la mayoría de los productos lácteos de mi dieta.
3. Sólo comeré cuando tenga hambre y no comeré cuando esté trabajando o esté deprimida.
4. Me haré la comida al menos cinco veces a la semana.
5. Haré ejercicio cinco veces a la semana, durante al menos una hora al día.

Te recomiendo que elijas metas que cuando las hayas alcanzado te hayan transformado en una persona irreconocible e imparable. Es imprescindible que priorices tus metas. Debes evitar tener tantos proyectos que no puedas realizar ninguno. Escoge los dos que te proporcionen la gran sensación de haber vivido tu mejor año. Realizar dos metas que sean importantes para ti te ayudará a adquirir confianza en tu habilidad para conseguir tus objetivos.

Debemos estar motivados para trabajar en nuestras metas e invertir tiempo y energía en ellas. Mientras nuestras visiones han de inspirarnos y evocar buenos sentimientos, las metas no necesariamente han de hacerlo. Muchas veces la meta puede inspirar y producir emociones positivas, pero con frecuencia la motivación simplemente procede de la certeza de que perseguir nuestro objetivo paso a paso nos lleva a realizar nuestra visión. Tal como dijo Henry David Thoreau: «Si has construido castillos en el aire, tu trabajo no se ha de perder, allí es donde debe estar. Ahora pon los cimientos debajo de ellos».

· ·

¡Pasa a la acción! Define tus metas para tu mejor año

Identifica dos metas que estén en tu mano y que te ayuden a crear tu visión y a convertirte en la persona que quieres ser. Escríbelas en un papel, asegúrate de que son realistas, mensurables y específicas. Piensa en las habilidades y recursos que ya tienes que te ayudarán a alcanzar estas metas y las que necesitarás desarrollar para alcanzarlas. Puedes visitar la página web www.bestyearofyourlife.com para descargar una hoja de trabajo que te servirá de guía.

· ·

CREA UNA ESTRUCTURA PARA EL ÉXITO

Una vez hayas especificado tus metas y fijado un período de tiempo para alcanzarlas, puedes empezar a crear las estructuras que asegurarán tu éxito. Las estructuras son lo que nos permite trabajar con eficacia hacia nuestras metas y alcanzarlas. Una estructura se define como cualquier sistema o apoyo que colocamos en el mundo exterior para que nos ayude a administrar nuestro tiempo y nuestras acciones. Los calendarios y las agendas son estructuras que nos ayudan a distribuir nuestro tiempo. Los planes de acción son estructuras que favorecen la realización de nuestras visiones. Los *coaches*, formadores, amigos y demás personas que nos ayudan a ser responsables son estructuras que nos permiten administrar y controlar nuestras acciones.

Aunque el concepto de estructura pueda parecer poco sofisticado, aburrido e incluso sofocante, en realidad las estructuras son apasionantes porque nos ayudan a conseguir lo que decimos que queremos hacer. ¿Cuántas veces en tu vida has tenido una gran idea o inspiración, has empezado a hacer algo que podía cambiar significativamente tu vida, la de tu familia o comunidad y no la has terminado o ni tan siquiera has dado los primeros pasos? Sin una estructura es muy poco probable que puedas realizar tu visión o conseguir grandes resultados. Puede que las personas que evitan las estructuras en alguna parte de su vida al principio se sientan un poco asustadas o rebeldes. La resistencia a la estructura puede manifestarse como una opresión en el pecho, como un nudo en la boca del estómago, como el deseo de ser libre, de no estar agobiado ni atado. Pero ahora es el momento de enfrentarnos a esa parte de nosotros que nos niega el derecho a alcanzar nuestras metas. Es el momento de decir la verdad respecto a cuántas de nuestras metas anteriores han fracasado nada más empezar.

Una estructura sólida es la que proporciona los pasos tangibles que nos conducirán clara e inevitablemente a la vida de nuestros sueños. Cuanto mayor sea nuestro deseo, más importante es tener un plan bien diseñado y escrito con fechas límite y acciones específicas. Este elemento de la estructura, más que ningún otro, es lo que transforma los deseos en metas y los sueños en realidad.

Al igual que la meta, la estructura debe estar bien definida, ser realista y manejable; también es necesario que sea flexible para que podamos capear los imprevistos, como los días en los que estamos bajos de moral. Todos tenemos días en que nos sentimos perezosos, poco inspirados o demasiado cansados para pensar en nuestro mejor año. La resignación se apoderará de nosotros y destruirá nuestros planes mejor preparados si no dejamos un espacio para la decepción, la frustración, la pereza y el rechazo. Estos estados de la realidad existen y es más que probable que en algunas ocasiones no podamos evitarlos.

Por lo tanto, mi sugerencia es que planifiques estos «días malos». Inclúyelos como parte de tu estructura y trabaja en ellos en tu agenda mensual. Por supuesto también tendrás que decidir cuántos «días malos» te vas a permitir, según lo que esté sucediendo en tu vida o la etapa de la meta en la que estés trabajando. Comprométete a disfrutar o al menos a relajarte cuando lleguen estos días funestos. Imagina lo fantástico que sería reclamar un «día malo» para ti. Si no te gusta la palabra «malo», puedes utilizar un día de «depresión», «malhumor», «tonto» o «improductivo». ¿No sería mucho más fácil sobrevivir a estos días si en lugar de culpabilizarnos por ellos les diéramos la bienvenida y nos concediéramos permiso para experimentarlos? Puede que pienses que darles la bienvenida es crear un patrón de permisividad, pero en realidad sucede justo lo contrario: cuando te rindes y das la bienvenida a cualquier emoción sucede algo mágico y de pronto ésta puede pasar a través de ti. Cuando te resistes y luchas contra un estado de ánimo, emoción o pensamiento que crees que no debería aparecer, entonces éste cobra fuerza y los sentimientos se intensifican.

Yo pondría un límite de tres o cuatro días al mes y empezaría a anotar mis estados de ánimo. Los «días malos» pueden ser una señal que te indique que has de hacer más cambios o establecer unos límites más consistentes. En lugar de luchar contra ellos, algo que normalmente no funciona, ¿por qué no escucharlos y ver hacia dónde nos guían? Sin espacio para respirar o flexibilidad para adaptarnos a los cambios, una estructura puede asfixiarnos.

Una buena estructura debe servir de apoyo. Debe ser nuestra mejor aliada, no una tirana. Una de las formas de evitar que la estructura se vuelva contra ti es asegurarte de que no haces demasiados planes o pretendes hacer más de lo que puedes. Ésta es la razón por la que te sugiero que sólo te pongas dos metas para este año en lugar de cuatro o cinco. Si alcanzas estas metas antes de acabar el año, puedes plantearte dos más. Querer abarcar demasiado es una vía directa al fracaso. Hacer demasiados planes acaba con el propósito para el que has diseñado tu estructura. Es muy fácil entusiasmarse demasiado y querer cambiar todas las áreas de tu vida, pero para crear tu mejor año debes programarte para ganar, y para ello has de centrarte en lo que realmente importa.

Si crear una estructura para alcanzar tus metas deseadas es una idea que no termina de convencerte, me gustaría inspirarte para que pasaras a la acción compartiendo contigo la siguiente historia verídica.

Durante cuatro años, Nancy, una de mis alumnas, pospuso saldar la deuda con hacienda que había contraído cuando tenía su propio negocio. Nunca encontraba tiempo para analizar la situación y estructurarla en los pasos que debía seguir para realizar las acciones correspondientes; este asunto se le hacía una montaña y nunca lo resolvía. El coste en vitalidad y al final también para su bolsillo fue enorme. Por fin, después de años de evitar enfrentarse a la situación y de negarla, se propuso pagar la deuda en doce meses. Entonces creó una estructura, marcadores y un plan específico para asegurarse de que no se desviaría del camino. Pidió hora para visitar a su gestor y asesor económico y encontró tiempo para cumplir con sus citas. Puesto que estas citas estaban en su agenda, tenía un período de tiempo específico para hacer todos los papeles y cuentas. Nancy recurrió a una amiga a la que admira por lo bien que se distribuye el dinero y los ahorros y le pidió que supervisara que realmente estaba haciendo lo que se había propuesto. Aunque era un tema complicado, Nancy se ciñó a la estructura siguiendo su plan paso a paso y al cabo de tres meses cambió toda la situación e ideó un plan de pagos que la condujo a saldar su deuda en diez meses. Ahora se siente orgullosa y realizada y está segura de que podrá conseguir sus grandes sueños.

Ésta es la promesa de una estructura sólida. Su función es apoyarte y hacer que te concentres en esos momentos en que quieres desviarte. Una estructura te asegura que permaneces en la línea recta hacia tu éxito.

¡Pasa a la acción! Crea una estructura para tu éxito

Ha llegado el momento de crear una estructura para que alcances tus metas. Haz que sea un proyecto creativo y divertido. Al fin y al cabo estás creando la estructura que te ayudará a conseguir tu mejor vida. ¿Qué puede haber más divertido? Utiliza las preguntas que enumeramos a continuación como guía o visita nuestra página web www.bestyearofyourlife.com para bajarte una hoja de trabajo que te dirigirá paso a paso durante todo el proceso.

1. ¿Cuál es mi visión?
2. ¿Qué dos metas me ayudarán a dirigirme hacia mi visión?
3. ¿Cuándo quiero conseguir estas metas?
4. ¿Cuál es el alcance exacto de cada meta? ¿Qué implica su consecución?
5. ¿Cuáles son los hitos importantes del camino hacia estas metas?
6. ¿Cuándo alcanzaré estos hitos?
7. ¿Qué habilidades tengo que me ayudarán a conseguir estas metas?
8. ¿Qué habilidades debo desarrollar para conseguir estas metas?
9. ¿Qué ayuda o apoyo necesitaré?
10. ¿Cuánto tiempo tendré que dedicar cada día o cada semana?
11. ¿Cómo programaré esto en mi calendario?

12. ¿Cuáles son las NCZ que debo tener en cuenta?
13. ¿A quién le pediré que supervise que cumplo con mi palabra y que no me desvío de mi camino?
14. ¿Cuáles son las consecuencias de no seguir mi plan?
15. ¿Cuál es la recompensa por seguir mi plan y alcanzar mis metas?

....

HAZ DE LA DISCIPLINA TU ALIADA

La estructura sin disciplina es inútil. Organizar un plan bien diseñado con todas sus estructuras como corresponden y luego no utilizarlo es como si trazaras un recorrido para ir desde Nueva York a San Diego y luego, en vez de tener el mapa a mano para saber adónde vas, lo doblaras, lo pusieras en la guantera y no volvieras a consultarlo jamás; tomarías la primera autopista que te gustara y vivirías con la esperanza de que algún día terminarías llegando a tu destino. No te lo recomiendo. Te prometo que no funciona. Lo que todos hemos de cultivar para garantizarnos el éxito es disciplina. La disciplina por definición significa entrenamiento que propicia una mejora moral o mental. Su función es traer orden a nuestras vidas. La disciplina en su nivel más alto tiene la capacidad de conducirnos a un autodominio completo. La disciplina es el mayor regalo que podemos hacernos. Nos ayuda a ser fieles a lo que realmente importa y nos garantiza que alcanzaremos nuestras metas.

Para algunas personas, sin embargo, el miedo a la disciplina será una de las grandes barreras a las que tendrán que enfrentarse para crear su mejor año. Por temor a sentirse limitadas, confinadas o controladas, muchas personas se resisten a la disciplina a cualquier precio. Dejamos que esa niña o niño interior de siete años nos desafíe, tome las riendas y gobierne nuestra vida bajo el lema: «Nadie va a decirme lo que he de hacer». No obstante, de lo que la mayoría no somos conscientes es de que nuestro miedo a la disciplina hace que vendamos nuestras almas y traicionemos nuestros sueños. Pensamos en la disciplina como si fuera nuestra carcelera en lugar de nuestra salvadora, como si nos limitara en lugar de proporcionarnos la habilidad de seguir un plan de acción específico que nos conducirá a conseguir los resultados deseados. Equiparamos la disciplina al trabajo duro y la vemos como algo que inhibe nuestro derecho a ser libres.

Puede que te estés preguntando. ¿Podemos ser demasiado disciplinados? La respuesta es «sí». Por supuesto, podemos excedernos en todo, y si ése es tu problema, sáltate esta sección. Pero lo cierto es que lo más común es lo contrario: puede que seamos disciplinados en áreas de nuestra vida que funcionan, pero nos falta disciplina en las que más la necesitamos.

Si nos resistimos a realizar las acciones que sabemos que hemos de emprender, es más que probable que nos distraigamos, nos pongamos de mal humor y estemos a la defensiva. Cuando seguimos retrasando las tareas que tenemos delante, nos agotamos y perdemos la vitalidad. Sin embargo, la mayoría dejamos para mañana lo que podemos hacer hoy y seguimos sufriendo las consecuencias. Posponemos terminar el trabajo o enfrentarnos a los temas candentes, y hacemos cualquier otra cosa que nos apetezca hacer en ese momento con la esperanza de que todo saldrá bien. Pero el precio de está conducta es muy alto. Cancelamos nuestros planes, aparcamos nuestros sueños y nos adentramos en el abismo de la negación. Es un juego monótono. Y lo que es más frustrante es que no funciona. Si funcionara, todos tendríamos las cosas que decimos que nos gustaría tener. Pero en lugar de ello, seguimos posponiendo nuestra felicidad, dejando para mañana todas las cosas que hoy reclaman nuestra atención.

Retrasar las cosas es la enfermedad de nuestro tiempo. Es un gran debilitador de energía que nos arrebata nuestros sueños, nuestro respeto y nuestra pasión. La disciplina es el único medio para salir de esta conducta saboteadora. Con la disciplina no se puede discutir. No se la puede persuadir o manipular. La disciplina no te pregunta si te apetece hacer algo. Simplemente no te da una opción. La voz de la disciplina dice: «Éste es el plan de acción. He dicho que lo haría y lo haré». A la disciplina no le importa lo que pienses (lo siento, no es nada personal). No le importan lo más mínimo tus excusas, sólo se preocupa de tu éxito. Hemos de romper la ilusión de que podemos dejar algo para mañana. Hemos de acabar con el patrón de esa charla interior que quiere que nos desviemos de nuestro plan y de nuestras metas.

La gente siempre me dice: «Debbie, es muy difícil». Pero no lo es. Lo que es difícil es vivir contigo mismo cuando no haces lo que dices que vas a hacer. Hacer el trabajo, ser disciplinado y tener tus metas visualizadas en algún mapa que tengas a la vista es más fácil que decir que vas a hacer algo y no hacerlo. Eso es muy duro. Es muy duro para nuestra autoestima, para nuestra moral, para nuestros sentimientos y para los que nos rodean. Pregúntale a alguien que haya pagado el precio de posponer las cosas.

Cara se estremecía cada vez que entraba en las habitaciones de sus dos hijos pequeños. La visión de montañas de cajas de juguetes, de las estanterías abarrotadas y de los cajones desbordados de ropa que ya se les había quedado pequeña la saturaba, aunque estuviera haciendo otra cosa. Cada vez que veía cómo crecían las montañas de trastos se decía que un día, cuando tuviera más tiempo, se pondría manos a la obra. Hasta llegó a temer los cumpleaños y otras fiestas, porque sabía que ya no quedaba espacio en las habitaciones de sus hijos para más libros, juguetes o cualquier otro regalo. Un día decidió que el coste de retrasar las cosas era demasiado elevado. Se propuso que el sábado siguiente sería el «Día de limpieza de la habitación de los niños». Le pidió a su esposo que planificara un día fuera con los niños para que no la distrajeran de su labor. Hizo una lista de todo lo que necesitaría para completar su proyecto, desde cajas de almacenaje hasta más perchas, y se regaló un CD que hacía tiempo que quería comprarse para que el trabajo resultara más ameno. Pasó el sábado entero arreglando los cuartos de los niños y al final del día tenía más energía que cuando había empezado. Ahora sabe que puede ser disciplinada cuando quiere hacer algo y esto se ha trasladado a otras áreas de su vida. Todos podemos disfrutar de esto si estamos dispuestos a ser disciplinados y estructurados en nuestras tareas.

Es fácil engañarnos y pensar que sin tener ningún plan ni estructura tenemos más libertad. Pero, en realidad, es justo lo contrario. Hasta que conseguimos traducir los deseos de nuestro corazón en un plan de acción específico y hasta que reunimos la disciplina necesaria para ceñirnos a ese plan, seguimos prisioneros del retraso. El retraso es enemigo de la disciplina. La disciplina es el auténtico camino hacia la libertad.

• • •

¡Pasa a la acción! ¡Que la disciplina sea tu aliada!

Reflexiona sobre los modos en que te has resistido a actuar con disciplina y calcula el precio que has pagado por ello. Haz una lista de todos tus intentos fallidos de intentar conseguir algo. Haz una lista que puedas tener a mano si diseñas un plan para tu mejor año y busca la disciplina que necesitas para ceñirte al mismo.

ACTÚA

Una vez leí un cartel que ponía: «Para alcanzar nuestras metas, unas veces hemos de ir a favor del viento y otras contra él. Pero lo que está claro es que nunca podemos quedarnos quietos». Todo se reduce a pasar a la acción. La acción es el acelerador. Emprender acciones conscientes que nos acerquen a nuestras metas y visiones se puede comparar a tener un deportivo muy bien cuidado y apretar el acelerador. Cuando realizamos acciones claras y deliberadas, sentimos la emoción sorprendente de ir a favor de nuestros deseos. Experimentamos una fuerza incomparable que eleva nuestro espíritu y alimenta cada uno de nuestros movimientos. La energía de pasar a la acción nos incita a expresar con fuerza lo mejor que hay en nosotros. Cuando nos falta una determinación clara y vemos que pasa el tiempo tontamente nos sentimos impulsados a echar mano de recursos olvidados que están latentes en nuestro interior. La acción correcta nos permite ver oportunidades que antes estaban ocultas y nos ayuda a avanzar con fuerza hacia el futuro que deseamos.

El escritor W.M. Lewis dijo: «La tragedia de la vida no es que termine pronto, sino que esperemos tanto para empezar a vivirla». Muchas personas hemos malgastado gran parte de nuestra energía vital hablando sobre la gran vida que podríamos vivir, que viviremos o que deberíamos estar viviendo. Eso está bien, pero no nos conducirá a nuestro mejor año. No nos motivará ni a nosotros ni a nadie y, sin duda alguna, no nos proporcionará el éxito y la plenitud que anhelamos. Hoy podemos elegir cómo vamos a utilizar los recursos que tenemos. Todos debemos decidir si las acciones que realizamos nos conducirán hacia delante o nos dejarán anclados en el pasado. Tener un deseo y no poner en práctica las acciones que nos acercarán al mismo es descorazonador y cruel. Cuando nuestros deseos no reciben atención, se vuelven contra nosotros, y en lugar de aportarnos entusiasmo, pasión, felicidad, plenitud y satisfacción, nos minan la autoestima, el valor y la fe, fomentando nuestra resignación e insatisfacción.

Cuando actuamos a favor de nuestros deseos, cuando nuestras conductas diarias, mensuales y anuales nos acercan a alcanzar las metas que nos hemos propuesto, nuestros deseos se convierten en una fuente de inspiración y de pasión. Seguros de que estamos en el camino hacia un futuro inspirador, disfrutamos pensando y hablando de nuestras metas, conscientes de que vamos camino de alcanzarlas. Cuando actuamos, avanzamos hacia nuestros sueños y tenemos la fe para seguir adelante, crear grandes visiones para nuestra vida y marcarnos metas cada vez mayores. Nuestros deseos son la fuerza motriz que nos inspira y motiva para conseguir una visión más amplia de nosotros mismos.

¡Pasa a la acción! Actúa

Revisa la estructura que has creado para seguir en el camino hacia la consecución de tus metas. Si todavía no lo has hecho, asígnate una fecha específica para llegar a cada uno de tus hitos. Identifica las acciones que debes hacer esta semana para asegurarte de que llegarás a tu primer hito, y luego llévalas a la práctica.

VIVE
TU MEJOR AÑO

No te preguntes qué necesita el mundo.
Pregúntate que te hace sentirte vivo.
Porque lo que el mundo necesita
son personas que han cobrado vida.

HAROLD WHITMAN

7

Vive con integridad absoluta

¿Cómo podemos asegurarnos de que seguiremos avanzando por la senda hacia nuestro mejor año incluso en los días en los que sentimos la tentación de desviarnos? ¿Qué nos ayudará a asegurarnos de que nuestras acciones diarias son coherentes con nuestra visión para nuestro mejor año? La respuesta es simple: una vida basada en la integridad.

Una integridad absoluta es la base para una vida de éxito. Es el apoyo, la columna vertebral y la estructura que nos permite aunar nuestros mejores esfuerzos y tomar decisiones que sean acordes con nuestra verdad más profunda. Cuando vivimos con integridad, estamos conectados con nuestra esencia, no nos desviamos de nuestro compromiso y nos ganamos nuestra confianza. Cuando actuamos con una integridad absoluta, cada área de nuestra vida refleja nuestra visión superior y nuestros valores más profundos; nuestras conductas, acciones y elecciones son coherentes con lo que queremos conseguir en el mundo. No podemos alcanzar una vida rica y gratificante sin tener unos buenos cimientos de integridad.

Muchas personas no actúan de acuerdo con su integridad personal porque temen que la senda de la integridad no les aporte el amor, el dinero, la seguridad y el éxito que desean.

Quizá crean que para triunfar han de proyectar una imagen de éxito y por eso eligen vivir fuera del alcance de sus posibilidades. Quizá piensen que necesitan cierta cantidad de dinero y que por la vía de la honestidad no lo conseguirán y deciden estafar un poco. O quizá cuando tienen un negocio entre manos, temen que se les escape y exageran o mienten para garantizarse el éxito. Puede que piensen que no son lo bastante creativas y utilizan ideas que no son suyas. Con estas acciones aparentemente incoherentes comienza un círculo vicioso. Nuestros temores se convierten en dictadores de nuestras acciones, mientras que nuestra integridad personal va desapareciendo poco a poco. El precio de esta conducta es muy alto. Nos aleja de la senda del éxito y nos conduce por un largo y tortuoso camino de lucha y estrés. Cada vez que nos desviamos de la ruta de nuestra integridad personal, que utilizamos una excusa para ser menos de lo que realmente somos, nos separamos de nuestra verdad más profunda y renunciamos a nuestro derecho al éxito y a la plenitud.

En todo el mundo hay ejemplos de personas que han vendido su integridad por dinero, éxito y codicia. Cualquier día podemos ver el coste de desviarnos de la línea recta de la integridad para intentar conseguir algo que no es realmente nuestro. Al igual que el delito no compensa, tampoco lo hacen los crímenes que cometemos contra nuestra propia vida. Es un crimen vender nuestro mayor potencial por un momento de bienestar o una supuesta ganancia que es claramente una ilusión. La integridad absoluta es el mayor aliado que tenemos si le damos una oportunidad. Elevará nuestro espíritu y nos instalará en la riqueza de la confianza y la autoestima, herramientas imprescindibles en la senda hacia el mejor año de nuestra vida.

Cuando somos consecuentes con nuestra integridad personal, estamos en armonía con todos nuestros recursos e instintos y podemos tomar decisiones importantes que amplíen los límites de nuestra vida y nos conduzcan directamente al éxito. Actuamos de forma natural desde lo más profundo de nosotros mismos y conectamos con nuestra verdad. Esta verdad nos guía hacia las ideas, las personas y las situaciones que necesitamos para conseguir el éxito que deseamos.

Por el contrario, cuando no somos consecuentes con nuestra integridad personal, siempre luchamos por encontrar sentido y realización. Estamos atrapados en la trampa de intentar que nuestras vidas funcionen en lugar de actuar a favor de nuestras metas y deseos. Voy a poner un ejemplo.

Mi amigo Derek es un hombre brillante, inteligente y culto que cuando tenía unos veinte años abandonó Inglaterra, su país natal, para vivir en Estados Unidos. Al igual que su padre y sus dos hermanas, Derek tenía talento para las inversiones y el sector inmobiliario, pero eligió mantenerse alejado del negocio familiar para dedicarse a su carrera en el campo de la sanación, que era lo que daba sentido a su vida. Cuando conocí a Derek quince años más tarde, todavía estaba luchando por encontrar un trabajo que le gustara y por descubrir su lugar en el mundo. Cuando nos conocimos mejor, mantuvimos muchas conversaciones sobre salud, psicología y sanación. Pero no importaba por dónde empezáramos la conversación, siempre terminábamos hablando de negocios, inversiones y del mercado inmobiliario. Tenía una mente brillante para los negocios y yo siempre aprendía mucho de su perspectiva. Me parecía extraño que invirtiera tanto tiempo y energía en aprender artes de sanación cuando tenía un talento natural para los negocios.

Un día le sugerí inocentemente que quizá su verdadero propósito fuera dedicarse al mundo de los negocios en lugar de a la sanación. Incluso llegué a decirle que quizá debería volver a Inglaterra durante unos meses para ver si allí encontraba alguna oportunidad laboral. Derek se marchó frustrado y con una interpretación errónea de nuestra conversación. Luego se pasó los dos años siguientes de una consulta a otra, probando todas las terapias de sanación nuevas, hasta que al final se planteó que quizá no estaba actuando de acuerdo con sus potenciales, con quien realmente era, y que quizás estuviera en el camino equivocado. La muerte inesperada de su padre le hizo regresar a Inglaterra durante algunos meses y fue allí donde se dio cuenta de que realmente estaba intentando vivir una vida en América que no correspondía con su verdad. Regresó a Estados Unidos, hizo las maletas y ahora vive en su tierra natal, disfrutando de una carrera en el campo inmobiliario en la que tiene mucho éxito.

La mayoría vivimos parte de nuestra vida negando y ocultando nuestra verdad, sin querer que nuestro mundo se tambalee o sin querer enfrentarnos a lo que no funciona. Fingimos que todo irá bien y luchamos para seguir adelante intentando conseguir eso en nuestra vida. Las grietas en nuestra integridad son evidentes para todos salvo para nosotros mismos, y aunque nos las señalen, elegimos no verlas. Sin embargo, son obstáculos que se interponen en nuestro camino. El precio que pagamos por ver el mundo de color de rosa y no enfrentarnos a nuestra falta de integridad es muy alto. En lugar de medrar en nuestras empresas, de realizar los deseos de nuestro corazón y de sentirnos a gusto con nosotros mismos, vivimos año tras año persiguiendo los mismos sueños, intentando encontrar la felicidad y el éxito.

No vivir de acuerdo con quienes somos merma nuestra energía y nos aleja del camino para conseguir nuestras metas. Si alguna vez has conducido un coche mal alineado, te habrás dado cuenta de que no tiene estabilidad, y se va hacia un lado. Es imposible relajarse y disfrutar de la conducción, porque has de prestar mucha atención a la carretera. Si te entregas a la incertidumbre e impredecible naturaleza de algo que está desequilibrado, sientes angustia por lo que puede suceder. Preocupado por tu seguridad, te agarras al volante, incapaz de dominar tu coche con facilidad. Lo mismo sucede cuando no vives de acuerdo con quien eres. Te aferras a lo que no funciona, olvidando cómo son la felicidad y el éxito. En comparación con esta otra alternativa, vivir una vida de integridad es la vía fácil. Puedes pensar que si sigues cediendo a tus excusas, justificaciones y fantasías aliviarás tu sufrimiento o malestar, pero si observas cuánto tiempo has estado encallando en los mismos temas, te darás cuenta del verdadero precio que estás pagando por tu negación.

Todos tenemos la opción de desviarnos de nuestra integridad, pero te lo aseguro: sean cuales sean nuestras habilidades innatas —en el área de las finanzas, de las relaciones, de la profesión o de nuestra salud—, no van a desaparecer. Podemos desviarnos tantas veces como queramos. Podemos seguir evitando hacer lo que sabemos que queremos hacer. Pero esos mismos temas seguirán apareciendo año tras año, con todo el sufrimiento, la frustración y el arrepentimiento que conlleva no hacer realidad nuestros sueños. Si seguimos la línea directa de nuestra integridad, si nuestras elecciones y nuestras acciones son coherentes con lo que sabemos que es correcto y cierto, nuestros deseos se cumplirán de forma natural.

CREA ANCLAS DE INTEGRIDAD

Una de las formas de asegurarnos de que estamos en línea con nuestra visión y de que conseguimos vivir nuestro mejor año es crear lo que yo llamo *anclas de integridad*. Estas prácticas —tus anclas de integridad— están diseñadas para afianzarte en la realidad y garantizarte que no pierdes de vista tus metas y objetivos. Mantienen la visión de lo que es más importante para ti. Puedes pensar en ellas como medios para anclarte en tus intentos de crear tu mejor año. Tus anclas de integridad son prácticas diarias, semanales y mensuales que debes mantener en su sitio para sentirte bien contigo mismo y seguir en contacto con tu visión.

Las anclas de integridad varían de una persona a otra, según sus metas, objetivos y visión. Cuando no somos fieles a nuestra integridad, nos sentimos inseguros y enfermamos fácilmente. Sentimos estrés, tenemos que esforzarnos para todo y notamos la desagradable sensación de que algo no va bien. Sin las anclas de integridad que nos ayudan a mantenernos en nuestro camino, nuestros temores, nuestras dudas y nuestra voz crítica gobiernan nuestra realidad, mermando nuestra serenidad y paz mental. Si no sabemos hacernos el valioso regalo de ser fieles a nosotros mismos —a nuestros valores, moral e integridad—, el éxito y la felicidad nos esquivarán en todas las áreas de nuestra vida.

Una de mis buenas amigas, Jenna, desea crear una vida familiar plena y que la ayude a crecer. Sabe que para alcanzar esa meta debe sentir que es una buena madre para sus tres hijos. Para Jenna no hay nada más importante que saber que al final de cada día sus hijos se han sentido queridos. Jenna creó tres anclas de integridad que garantizaran su éxito para ser una buena madre.

1. Cada semana planificaré alguna actividad divertida con mis hijos que nos dé la oportunidad de reírnos, jugar y conectar.
2. Cada semana pasaré al menos tres horas en el gimnasio para tener más energía para estar con mis hijos.
3. Cada semana dedicaré media hora para estar a solas con cada uno de mis hijos por separado, repasando sus deberes o leyendo.

En el pasado, Jenna estaba atrapada en su carrera y descuidaba lo que realmente le importaba. Ahora, cada vez que se desvía de su línea de integridad y se olvida de lo que es una práctica esencial para ella, se siente infeliz y frustrada.

Todos hemos de crear anclas de integridad específicas para las áreas importantes de nuestra vida. No retrasarnos en los pagos de nuestros recibos, pasar tiempo con nuestros hijos, ser sinceros, comer bien, hacer ejercicio, meditar, ahorrar y hacer labores de voluntariado con nuestra organización favorita; todo ello son ejemplos de anclas de integridad que nos alinean con lo que verdaderamente importa. Imagina que estas anclas son pilares de fuerza que te permiten permanecer en contacto con tu yo superior y tu sabiduría interna.

Al identificar tus anclas de integridad, controlas las acciones, conductas y disciplinas diarias que son esenciales para tener éxito en tu vida. Cuando eres fiel a tus anclas de integridad en todas las áreas importantes de tu vida, reúnes el valor para pedir lo que necesitas. Te abres a niveles más altos de autoestima y dignidad. Cuando tu integridad está intacta recibes la bendición de la fe profunda de que tus necesidades se verán cumplidas y tus deseos darán fruto. Alcanzas la libertad de ser transparente y el coraje de ser capaz de mirarte sin nada que temer ni tener que pedir disculpas. Ser fiel a tus anclas de integridad te permite acceder a tus recursos internos y ser una inspiración para ti y para los demás. Ya no necesitarás el mundo exterior para que te dé seguridad, la encontrarás dentro de ti. Pero lo más importante es que sentirás que te mereces intentar crear tu mejor año.

···

¡Pasa a la acción! Vive con integridad absoluta

Recuerda tu visión de vivir tu mejor año. ¿Qué quieres conseguir y cómo quieres sentirte? Ahora crea dos anclas de integridad que puedas practicar cada día para asegurarte de que estás en el buen camino para realizar esa visión.

Sé consciente de tus anclas de integridad y haz que formen parte de tu rutina diaria, sabiendo que si las sigues estarás en la vía del éxito.

···

8

Siéntete genial

Después de haber aconsejado e impartido cursos a miles de personas en todo el mundo, puedo decirte que sentirte genial es el requisito básico para vivir de la mejor manera posible. En nuestra sociedad, en la que siempre estamos buscando fuera de nosotros nuevas y mejores formas de sentirnos bien, solemos olvidar o minimizar la importancia de cómo nos sentimos internamente. Pero me atrevo a afirmar que la autoestima es nuestra mayor aliada. Cuando nos sentimos bien tal y como somos, irradiamos una energía magnética innegable que atrae todo lo que deseamos. Vienen a vernos personas a las que pensábamos llamar. Aparecen fácilmente ideas y acciones para nuestros proyectos. Nuestras relaciones con los demás —incluso con las personas con las que hemos tenido problemas en el pasado— son menos tensas y más divertidas. Cuando somos amables, generosos y respetuosos con nosotros mismos, tenemos la confianza para salir a la calle y conseguir lo que queremos. Estar a gusto con nosotros nos permite vivir satisfechos, triunfar y sentirnos plenos.

Cuando estamos satisfechos con nuestra forma de ser y nos respetamos, nos sentimos dignos de conseguirlo todo. Podemos reconocer que somos perfectos e imperfectos y aceptamos que a veces nos sentiremos bajos de moral, fracasaremos en nuestras tareas y cometeremos errores. Cuando nuestra autoestima es alta, reconocemos nuestros logros, tenemos pensamientos positivos y nos comportamos de formas que inspiran respeto. Cuando estamos bien, abandonamos expectativas no realistas y ponemos los pies en el suelo. Ponemos barreras saludables y aceptamos sólo lo que somos capaces de hacer. Cuando somos sinceros con nuestras metas y visión de quien queremos ser, dedicamos tiempo a aclarar nuestras ideas sobre lo que queremos y por qué lo queremos y creamos un plan y una estructura para no perdernos por el camino. Sentirnos bien con nosotros mismos es esencial si queremos tener un corazón joven, una mente sana y un espíritu fuerte. La autoestima desbloquea nuestra habilidad para expresar todo nuestro potencial y nos da confianza para seguir nuestras metas.

Como probablemente sabrás, es fácil sentirse bien con uno mismo cuando todo va como esperas: tienes dinero en el banco, la gente te trata bien, tu carrera va de maravilla, tus hijos son felices y puedes pagar los recibos. Pero lo más difícil es aceptarte con tus defectos. ¿Te imaginas tener la capacidad para sentirte bien cuando te menosprecias, sientes inseguridad o tienes miedo? ¿O tenerte en tan alta estima que te tratas con compasión cuando sientes rabia o celos? Sería fantástico poder aceptarte cuando no has sido capaz de cumplir con tus fechas límite o no has podido ir a un partido de fútbol de tu hijo.

Mientras sintamos vergüenza, nos critiquemos, dudemos, tengamos conflictos o nos abochorne ser como somos, el éxito y la satisfacción nos esquivarán cuando busquemos fuera el amor y el reconocimiento que nosotros no nos hemos otorgado. Una de las más grandes verdades espirituales que puedo compartir es que el mundo exterior es un reflejo de nuestro mundo interior. Nuestro mundo exterior proyecta siempre nuestros sentimientos respecto a nosotros mismos. Esto significa que cuanto mejor nos tratemos interiormente, mejor nos tratarán las personas que nos rodean. Quizá te parezca sorprendente, pero es muy probable que tú también hayas experimentado esta verdad. Recuerda algún momento desagradable. Quizá tenías la moral por los suelos porque alguien te había abandonado o insultado, o porque habías sufrido algún tipo de abuso. Quizá se trate de algún momento en que no tuvieras bastante dinero o hubieras perdido tu trabajo. Piensa en tu estado de ánimo y en la energía que te rodeaba entonces. Puede que observaras que cuando te sentías mal parecías atraer a personas, situaciones y experiencias que reflejaban todavía más esos sentimientos.

Lo mismo sucede cuando te sientes bien. Recuerda algún momento en que hayas sido feliz y la vida te pareciera una fiesta, un día en que estuvieras radiante o un momento en que todo el mundo te apoyara y animara, un momento en el que tuvieras todo lo que querías y te sintieras feliz con la vida. Quizá fuera al principio de un proyecto o de una empresa nueva, cuando descubriste que ibas a tener un hijo o cuando conociste a la persona de tus sueños. ¿Recuerdas lo maravilloso que te parecía el mundo en aquellos momentos? ¿Puedes recordar lo agradable, amable y fácil de trato que parecía la gente?

Todos hemos tenido días en los que el mundo parecía un lugar mejor. Pero lo que a veces no somos capaces de entender es que hemos sido nosotros los que hemos creado esa experiencia. Porque cuando nos sentimos bien y somos optimistas irradiamos energía positiva al mundo, una energía que atrae experiencias similares a la nuestra. Cuando nos sentimos bien en nuestra piel, tenemos energía, estamos inspirados y motivados: vemos posibilidades donde antes vimos restricciones. Mi misión es recordarte que puedes sentir esto en cualquier momento, porque el cambio se produce en tu interior. Si quieres seguir siendo tu propia fuente de inspiración 365 días al año, debes ser consciente de que eres tú quien tiene el poder para sentirte mejor, y que eso lo consigues tratándote como quieres que te traten. Esto significa que si quieres más reconocimiento, respeto, amor o comprensión has de tener tiempo para cultivar esos sentimientos dentro de ti. Ya he mencionado la frase: «La felicidad es un trabajo interior». Te aseguro que todo lo que desees —ya sea felicidad, éxito, dinero o amor— es un trabajo interior, que empieza con estar a gusto contigo. Cuando te comprometes a honrarte y respetarte, el mundo te abre las puertas.

Puede que te estés preguntando: «¿Qué puedo hacer para sentirme de maravilla interiormente?» Para empezar debes comprender que cada día tienes un montón de oportunidades para tomar decisiones que aumentarán tu autoestima, te ayudarán a sentirte mejor o disminuirán tu falta de autoestima. Recordar tu propósito, seguir tu visión, ceñirte a tus planes y mantener con disciplina tus anclas de integridad son herramientas valiosas que te garantizarán el bienestar interior. Marcarte metas alcanzables y hacer lo que dices que vas a hacer son acciones que fomentan tu amor propio. Tomar la decisión de alimentar en tu interior las cualidades que admiras en otras personas fomenta tu autoestima. Valorar lo que tienes y lo que has hecho es algo que puedes hacer todos los días para sentirte bien. Cada una de estas acciones influirá en cómo te sientes por dentro. Todas las acciones cuentan. No hay truco: hasta las elecciones que hagas sin que nadie lo sepa, esos pequeños detalles que crees que nadie notará, tienen el poder y la capacidad de cambiar tus sentimientos respecto a ti y a tu vida.

Míralo así: si en doce meses a partir de ahora supieras, en lo más profundo, cuánto te mereces lo que deseas, si tuvieras la compasión y la comprensión para aceptar tus limitaciones, si cada día realizaras acciones que te acercaran un poco más a tus metas y deseos y sintieras orgullo por tus logros..., si en doce meses fueras la persona que siempre has querido ser, ¿no te parecería que éste habría sido un gran año? Crear nuestro mejor año requiere que estemos eligiendo siempre pensamientos, conductas y acciones que mejoren nuestra autoestima. Cuando tomes la poderosa decisión de hacer cosas de las que puedas enorgullecerte, podrás mirar a este mundo con la cara bien alta y pedirle que te dé lo que mereces.

....

¡Pasa a la acción! Empieza a sentirte genial

Evalúa sinceramente las conductas, hábitos y decisiones habituales que deterioran la imagen que tienes de ti o que hacen que te sientas mal. Recuerda que la base de tu mejor año es la autoestima. Dedica unos momentos cada mañana a reflexionar sobre qué decisiones vas a tomar y qué acciones puedes realizar para fomentar tu autoestima y sentirte bien. Proponte realizar tres acciones al día que nutran tu bienestar.

....

9

Saborea el momento

Durante la semana pasada has vivido un total de 168 horas, más de diez mil minutos. Pero ¿cuántos de esos diez mil momentos han sido verdaderamente memorables? ¿Cuántos fueron lo bastante significativos para que los recordaras durante una semana, un mes, un año o cinco años? ¿Recordarás alguno de esos diez mil momentos durante el resto de tu vida?

A la mayoría de nosotros los momentos de nuestra vida nos pasan desapercibidos. Estamos tan ocupados intentando sobrevivir y tratando de completar nuestras listas de asuntos pendientes que no somos capaces de darnos cuenta de que este momento es lo único que tenemos. Con el afán de hacer las cosas, no damos a las personas que nos rodean la importancia que merecen, nos olvidamos de lo que realmente importa y seguimos adelante sin reconocer nuestros logros ni disfrutar de las bendiciones que colman nuestra vida.

Basta un momento para que nuestra realidad cambie por completo. En un instante, pueden despedirnos, podemos llenar a nuestros hijos de inseguridad, endeudarnos o caer en la tentación que destruirá nuestras vidas. En un segundo podemos caernos y partirnos la cabeza, perder a un ser querido en un accidente, descubrir que nuestra mejor amiga tiene cáncer o que nuestro socio se ha fugado con todo el dinero de la compañía. Basta un segundo para que todo nuestro mundo se derrumbe ante nuestros ojos. Sin embargo, la mayoría negamos este hecho y no valoramos lo que tenemos. Es natural para nosotros creer que lo que tenemos en nuestra vida lo tendremos siempre. La mayoría negamos nuestra fragilidad y lo incierta que es la vida.

El tiempo es muy valioso. Cuando nos damos cuenta de esto, somos conscientes de la importancia de saborear cada instante. Cada momento tiene el potencial para ser memorable. En cualquier momento podemos hacer una pausa y buscar la forma de convertir ese instante en algo especial. Si no hacemos esto ni saboreamos algunos momentos cada día, esos momentos pasarán de largo y nunca más volveremos a recuperarlos. Para que éste sea nuestro mejor año, hemos de aprovechar todas las oportunidades que se nos presentan para disfrutar de los detalles de nuestra vida. Estos momentos especiales siempre están presentes y pueden ser desde sutiles, como observar el amanecer cada mañana desde la cama, hasta verdaderamente extraordinarios, como ver cómo tu hijo sopla las velas del pastel el día que cumple cuatro años.

Cuando conocí a mi prometido Gary comprendí la importancia de saborear cada instante. Él suele hacer pausas para gozar del momento, para sentir lo sagrado de cada experiencia, para sacar una instantánea —mental o de cualquier otro tipo— de dónde está en ese momento y hacia dónde se dirige. Tiene un aprecio innato de lo valioso que es cada momento y se detiene para disfrutarlo. Una de sus expresiones favoritas es: «La vida no es una película sino una serie de instantáneas de Polaroid». No importa dónde estemos o lo que esté sucediendo a nuestro alrededor, Gary busca esos momentos y toma la instantánea.

No hace mucho tuve el honor de dirigir un seminario de siete días en un crucero. Gary y yo estábamos juntos con muchos de los *coaches* a los que he formado y con personas que habían venido para participar en el seminario. Nos lo pasamos fenomenal y fue muy productivo. Cuando nuestro viaje tocaba a su fin, Gary me preguntó qué era lo que más iba a recordar de ese crucero. Quería saber cuáles de los diez mil momentos que habíamos compartido eran los más especiales para mí. Tuve que pensar unos minutos para responder y me quedé sorprendida cuando me di cuenta de que apenas podía recordar nada de lo que había hecho de ese viaje algo tan especial. Los momentos que lo habían hecho diferente se habían perdido en el vago recuerdo de una semana de comidas, bailes, charlas, bronceado y de todas las otras cosas maravillosas que habíamos hecho juntos. Pero Gary quería saber qué recordaría específicamente y seguiría recordando durante los doce meses siguientes. ¿Qué experiencias de las que habíamos compartido quedarían grabadas en mi mente para siempre?

Cuando me di cuenta de que no podía recordar ninguna en concreto, comprendí lo que había estado intentando enseñarme durante más de un año: si no aguzaba mi concentración y ajustaba la lente a través de la cual veía mi vida, si no saboreaba esos momentos especiales y tomaba una instantánea mental de los mismos, sencillamente se perderían dentro del recuerdo de «Nos lo pasamos muy bien». Fue sorprendente darme cuenta de que, aunque había pasado toda la semana divirtiéndome más que en todo el año, había pocos momentos que había saboreado con suficiente intensidad como para recordarlos en los próximos cinco años.

Me senté en la cubierta para mirar el mar, pensé en cuántos viajes había hecho en mi vida de los que no guardaba recuerdos específicos. Sí, me acordaba del paseo en burro en la isla de Santorini hacía quince años, pero no podía recordar quién iba conmigo, dónde fuimos o qué hizo tan especial aquel viaje. Por supuesto, hay muchos episodios en mi vida que recuerdo con toda claridad, pero fueron acontecimientos muy especiales que jamás olvidaré, como el nacimiento de mi hijo y la publicación de mi primer libro. Pero al final, después de muchos recordatorios y mucha paciencia por parte de Gary, aprendí que cada día tiene algún momento especial. Puede que sea cuando mi hijo dice algo gracioso, el comentario de alguna persona a la que le haya ayudado mi trabajo o un amigo con el que me estoy tomando un café y compartiendo uno de los bellos días de La Jolla. Puede tratarse de una sencilla conversación con mi madre y del abrazo que nos hemos dado al despedirnos. Pero a menos que me detenga cuando se está produciendo y saboree conscientemente el momento, es más que probable que lo olvide. Se perderá en un mar de miles de recuerdos y se convertirá en una parte vaga e insignificante de mi pasado.

Así empezó mi trabajo. Me propuse recordar qué era lo que había hecho tan especial ese crucero y asegurarme de que me tomaba mi tiempo para poner cada experiencia en su justo lugar en mi memoria a largo plazo. Para ello tendría que identificar el acontecimiento, pensar en qué lo había hecho tan especial y luego tomar una instantánea en mi mente —quién estaba presente, qué sucedió y qué es lo que quería recordar de ese hecho—. Me senté a pensar en todo lo que había pasado esa semana y en todas las cosas que había hecho, buscando los momentos especiales que quería saborear durante el resto de mi vida. «¿Qué experiencias, personas, lugares, cenas o actividades nocturnas han hecho este viaje tan especial?», me pregunté. Al cabo de diez minutos de revisar todas las actividades día a día, recordé que había varios acontecimientos que quería y necesitaba saborear si pretendía que permanecieran conmigo conscientemente. Quería recordar vívidamente la noche en que Gary y yo nos sentamos en la cubierta del barco y observamos Marte —que estaba más cerca de la Tierra de lo que lo había estado en sesenta mil años—: el cielo se iluminó, adoptando un tono rojizo al soplar el viento, aparecieron nubes y empezó a llover. Me di cuenta de que si no saboreaba esa noche en aquel momento y tomaba una foto mental de la experiencia, se perdería para siempre. Por supuesto, podría suceder algo en el futuro que despertara ese recuerdo, pero fue un momento tan especial que no quería dejar su recuerdo al azar. Ése fue uno de los muchos momentos memorables que saboreé ese día.

Tu mejor año estará compuesto de una serie de los momentos que saborearás y grabarás en tu memoria consciente. Cuando saboreas el instante suceden algunas cosas: primero, te das cuenta de todo lo bueno que te sucede en la vida ahora mismo; segundo, reconoces los acontecimientos y cosas que te suceden en la vida regularmente y que tú consideras normales; tercero —y posiblemente lo más importante—, saborear el momento hace que te responsabilices de crear esos momentos especiales, que busques y descubras estos hechos especiales y aprendas a valorarlos. En el salvapantallas de mi ordenador tengo escrita la frase «Saborea este momento». Si soy consciente y tengo la disciplina para saborear aunque sólo sean dos momentos especiales cada día, al final de la semana tendré catorce —y al final del año, 728— momentos significativos en mi memoria que podré usar para afirmar que éste es mi mejor año.

Los momentos son momentos, y los acontecimientos, acontecimientos, pero todos se vuelven especiales cuando reconocemos que ninguno de ellos volverá a producirse, cuando somos conscientes de lo valiosos que son y de que podemos identificarlos y etiquetarlos como lo bastante especiales para ser recordados. Por ejemplo, cuando damos el paseo de siempre con los amigos de siempre y vemos un halcón que vuela por encima de nuestras cabezas, podemos detenernos un minuto para admirar la belleza de la naturaleza; contemplar a las personas con las que estamos, apreciar el papel que desempeñan en nuestras vidas, respirar profundamente y saborear el momento. Para afianzar más ese recuerdo en nuestra mente, puede que sintamos la necesidad de abrazar a nuestros amigos o expresarles nuestro aprecio.

Cuando nos comprometemos a saborear el momento, estamos observando, creando e inventando nuestra experiencia ordinaria para que sea algo extraordinario. Nos convertimos en imanes de lo único y especial; la lente a través de la cual vemos nuestra vida cambia, nos convertimos en buscadores de lo que cada momento tiene de divino. Ver con ojos nuevos, ser conscientes de nuestras bendiciones, crear momentos nuevos e íntimos cada día, todo esto constituye una búsqueda espiritual. Es el arte de hacer de los momentos comunes y corrientes de nuestra vida algo extraordinario.

•••

¡Pasa a la acción! Saborea el momento

Empieza a ser más consciente de todos los momentos del día. Cuando te des cuenta de que estás viviendo un momento muy significativo, detente y respira. Repite en silencio o en voz alta: «Voy a saborear este momento». Luego disfruta de esa experiencia un poco más de lo habitual, observa qué tiene de especial. Absorbe el momento y regístralo conscientemente en lugar de pasar enseguida al siguiente.

Reflexiona sobre qué es lo que tendrás que hacer para buscar, crear y saborear los momentos memorables de cada día. ¿Qué tendrás que buscar? ¿Qué parte de tu conciencia tendrás que cambiar? Busca al menos dos momentos cada día que puedas saborear de forma especial.

• •

10

Crea días inolvidables

Para gozar de una vida memorable y plena, planificar días inolvidables es tan importante como saborear el momento presente. Para comprender el valor de un día memorable lo único que tienes que hacer es preguntarte: «¿Qué haría si éste fuera el último año de mi vida? ¿Seguiría viviendo como hasta ahora? ¿Pasaría el tiempo como lo estoy haciendo ahora?» Para un momento, deja de leer y reflexiona sobre esta pregunta: Si pudieras volver a vivir la semana pasada, ¿elegirías vivir cada día como lo hiciste o lo harías de modo diferente?

La mayoría de las personas no se permiten contemplar su vida a través de esta lente retrospectiva. Aunque sabemos que es un hecho, la mayoría de nosotros no terminamos de entender que vivimos sólo un número limitado de días en este planeta. Por el contrario, gracias a nuestra innata y protectora negación de la muerte, preferimos fingir que tenemos todo el tiempo del mundo para hacer lo que queremos. Vivimos con la ilusión de que algún día haremos ese viaje, daremos un paseo por la playa, leeremos un libro, iremos al parque con los niños o aprenderemos a bailar el tango. Posponemos lo que podríamos hacer hoy a un tiempo futuro que puede que no llegue nunca.

Por supuesto, hay días en nuestra vida en los que recordamos cada detalle, desde que nos despertamos hasta que nos vamos a dormir. Quizás el día de nuestra boda, el día en que nació nuestro hijo, el día en que nos graduamos, cuando nos enamoramos, la primera vez que hicimos el amor o el día que terminamos un trabajo que hacía mucho tiempo que estábamos realizando y que nos ha costado mucho. Pero si nos ponen a prueba, la mayoría no podemos recordar lo que hicimos la semana pasada, el mes o el año pasado. Los días están borrosos, pasan uno tras otro. La mayoría olvidamos a la mañana siguiente lo que hemos hecho hoy, a menos que le infundamos algún significado especial.

Te voy a pedir que valores honradamente tus últimos cinco años y observes cuántos días especiales puedes recordar. ¿Cuántos días vienen a tu memoria que podían haber sido días ordinarios, pero que debido a algún propósito o declaración por tu parte han sido lo bastante especiales como para que los recuerdes en este preciso momento? Puede que ya hayas experimentado la dulce satisfacción de irte a dormir muchas noches este año sabiendo que has vivido un día que nunca olvidarás. Pero te voy a pedir que observes cuántos días querrás recordar de este año. ¿Cuántos días etiquetarás como extraordinarios y atesorarás como experiencias notables que querrás compartir durante generaciones?

Cierra los ojos un momento y recuerda alguna historia que te contara tu madre o tu padre sobre algún día en sus vidas que fuera significativo. ¿Qué fue tan especial ese día? Las historias que se transmiten y se comparten suelen ser de días normales y corrientes en los que alguien hizo algo especial por alguna razón, o en que toda la familia estaba reunida disfrutando de su mutua compañía; momentos en que se compartió un regalo especial o se intercambiaron palabras conmovedoras. Las guerras de tomates, los viajes de acampada y las fiestas nocturnas son acontecimientos que se suelen recordar cuando pensamos en el pasado.

¿Qué determina que un día sea inolvidable? Para grabar un gran día en nuestra memoria, primero ha de llegar a nuestro corazón. Los acontecimientos negativos nos causan trastornos emocionales y con frecuencia son fáciles de recordar, porque esos hechos suelen ir unidos a algún trauma que los adhiere a nuestra memoria. Para crear la misma carga para nuestros acontecimientos positivos, hemos de aventurarnos a hacer algo que sepamos que hará que nos sintamos bien. Esto a menudo implica correr riesgos, salir de nuestra «zona de confort». Para crear días inolvidables debemos elevarnos por encima de lo cotidiano y diseñar esos días especiales con gestos significativos. Si piensas un momento en algún día memorable de tu vida, probablemente descubrirás que conlleva algún grado de riesgo o de vulnerabilidad. La planificación cuidadosa también es un rasgo característico de los días inolvidables. Si superamos la atracción de la seguridad y lo ordinario, podemos crear un día que dejará huella en nuestra conciencia.

Durante una de las sesiones de un curso sobre «Éste puede ser tu mejor año», Dez decidió que quería que las tres personas más importantes de su vida percibieran el amor y el profundo aprecio que sentía por ellas. No tenía mucho tiempo ni dinero, por lo que optó por preparar una cena para su esposo y sus hijas y escribirles algo a cada uno para expresarles su amor. Fue a comprar flores, puso pétalos de rosa sobre la mesa antes de servir la cena y de compartir sus sentimientos. Dez se sentía muy vulnerable e incómoda, por eso se tomó su tiempo para crear un ambiente especial: puso música relajante y encendió velas, para que así todos supieran que pasaba algo especial. Entonces, sentada frente a cada una de las personas que más quería en el mundo, les transmitió con palabras, acciones, lágrimas y abrazos sus sentimientos más profundos. Cuando hubo terminado, sabía que recordaría esa noche el resto de su vida, y a día de hoy todavía la recuerda.

Muchas veces tenemos grandes ideas sobre cómo demostrar nuestro amor a las personas que queremos, pero nos sentimos incómodas al intentar llevarlas a cabo. Sin embargo, para asegurarnos de que viviremos un día que recordaremos toda la vida, hemos de hacer algo que se salga de lo corriente para que sea memorable.

Crear un día inolvidable no requiere ni demasiado tiempo ni dinero. Puedes declarar el sábado «día de la risa», llevar a tus hijos al videoclub y alquilar algunas películas cómicas. Puedes abrazarles en el sillón, hacer palomitas, apagar las luces y pasar el día en familia, con la única ocupación de reír. Si hubieras dedicado un día a la risa con tus padres cada semana, ¿no lo recordarías? También puedes hacer lo que hizo una de mis amigas: publica un anuncio en forma de corazón en un periódico local expresando tu amor incondicional por tu pareja. Luego prepara un picnic, una tarjeta, un libro de poemas y declara el «día del romance». ¡No sé de nadie que no quisiera ser el receptor! Puedes comprar flores, una botella de vino y tu juego de mesa favorito para llevarlo a casa de unos amigos con los que no pasas demasiado tiempo y vivir un día inolvidable con ellos. Puedes planificar un «día de la familia» y hacer que todos los miembros de tu familia traigan fotos que no estén en los álbumes, y que cada uno haga su postre favorito; os podéis sentar a contar historias viendo las fotos y crear un álbum nuevo para toda la vida.

Siempre podemos buscar una excusa para que hoy sea un día inolvidable. Observa las razones y excusas que te pones para evitar que hoy sea un día extraordinario. ¿Has dicho alguna vez «Ya lo haré mañana» o «Iré de vacaciones con mis hijos el año que viene», o mi favorita: «Lo haré cuando tenga más tiempo»?

¿Qué pasaría si crear días «fuera de lo común» fuera una actividad que realizaras cada mes? Algunas personas servimos para hacer cosas para los demás, pero somos incapaces de hacer algo especial cuando estamos solas. Si eres una de esas personas, crear un día inolvidable puede que sea dejar a un lado tu lista de cosas pendientes y pensar en las formas en las que puedes quererte. Observa si terminas reduciendo el tiempo que pensabas dedicarte o si prefieres posponer el día inolvidable. Observa si le quitas importancia a crear días inolvidables.

Elegir crear días inolvidables para ti y para los demás es una tarea extraordinaria y un «deber» si realmente nos proponemos crear nuestro mejor año. Parte de la felicidad de crear días inolvidables es compartirlos con las personas a las que amamos. Los días que dejan una impresión duradera en nosotros y en los demás no consisten en que brille el sol y todo parezca ir como a nosotros nos gusta. No son el resultado de la buena suerte o del destino. Disfrutar de un montón de días buenos este año no sucederá porque sí, se han de desear, planificar, crear, vivir e identificar.

¿No sería maravilloso y te sentirías muy satisfecho si al crear un día especial conmovieras a alguien hasta el punto de inspirarle a hacer lo mismo? ¿No vale la pena el esfuerzo? La idea de empezar una «cadena de favores» y provocar un efecto dominó de amor y felicidad es parte de la misión de crear nuestro mejor año. La mayoría esperamos a que se produzca el momento apropiado para hacer que nuestros días sean especiales. ¿Qué sucedería si dejaras de esperar, si eligieras un día y te responsabilizaras de cambiar tu experiencia ahora mismo? ¿No habría un montón de días inolvidables que te conducirían a tu mejor año?

....

¡Pasa a la acción! Crea días inolvidables

Planifica un día al mes para que sea un día inolvidable. Reflexiona sobre lo que haría especial ese día para que puedas recordarlo el resto de tu vida. Date permiso para quererte y demostrar tu amor a tus seres queridos. Haz que tu familia y amigos participen en estos días. Practica convirtiendo los momentos ordinarios en días inolvidables.

....

11

Haz de tu vida un ejemplo

Recuerda una época en la que quisieras desesperadamente hacer cambios importantes en tu vida. Durante años busqué la manera de ser más feliz, sentirme más realizada y tener más paz. Quería conseguir algo grande, descubrir el sentido de mi vida y expresar lo mejor que había en mí, pero siempre había algo que me desviaba de mi camino y acababa repitiendo los mismos patrones. Siempre que empezaba a dar pasos en la dirección correcta, pasaba algo que me alejaba de mi vía del éxito, y de pronto cometía algún acto de sabotaje en mi contra. En lugar de medrar, me convertí en otra persona más que intenta sobrevivir. Mis amigos, familiares y compañeros de trabajo no podían entender por qué siempre creaba grandes distracciones que me alejaban de la vía hacia mis sueños.

Entonces, por fin un día pensé que me merecía más felicidad y éxito del que tenía. Era evidente que mis conductas de autosabotaje eran una forma de castigarme por mis defectos y mis errores del pasado. Por más que lo intentaba, daba la impresión de que no podía comprometerme a tenerlo todo y a ser la mejor persona posible. No podía reunir la motivación, aunque deseaba con toda mi alma hacer cambios duraderos. Un día, mientras estaba sentada en silencio, escuché una voz en mi interior que me decía: «No lo hagas por ti, hazlo por otro. Hazlo por las personas que te quieren y admiran. Hazlo por los niños que piensan que no son lo bastante buenos para sus padres. Hazlo para que otras personas vean que ellas también pueden ser así». De pronto, comprendí la verdad que había escuchado tantas otras veces: cada vida importa y aporta algo al mundo, todos tenemos la oportunidad de convertir este mundo en un lugar mejor. Me sentí inspirada y la costumbre de posponer las cosas y la resignación que siempre parecían seguirme se convirtieron en emoción y entusiasmo por mi propia vida. Sentí que se me había revelado una verdad durante mucho tiempo enterrada y ahora comprendía cómo podía contribuir al mundo. Lo único que tenía que hacer era dar lo mejor de mí y demostrar a los demás con el ejemplo que también podían conseguirlo. Aunque no lo hiciera por mí, podía dejar mi huella en el mundo por alguien más.

Si convertirte en la persona más extraordinaria que hay en ti no te inspira demasiado, si reivindicar tu grandeza no te impulsa a moverte por la mañana, si no crees que serás capaz de ir en pos de esa vida extraordinaria, dedica este año a otra persona y hazlo lo mejor que puedas por ella. Hazlo por tus hijos, sobrinos o por alguien que necesite un modelo positivo. Mira a tu alrededor y comprueba quién podría beneficiarse de tu futuro nivel de grandeza. Puedes elegir a un ser querido o a alguien que no conozcas. Eso no importa siempre que se beneficie de tu ejemplo y apoyo. Imagina todo lo que podría suceder si todas las personas que se relacionan contigo este año pudieran ver y sentir tu grandeza. ¿Y si pudieran ver la luz de tus ojos, oír la gratitud en tu voz y experimentar tu entusiasmo incondicional por la vida? ¿Crees que les ayudaría? ¿Y si éste fuera tu único propósito, tu tarea para este año? ¿Qué pasaría si todo lo que necesitaras fuera vivir de tal forma que inspiraras a los demás a sentir entusiasmo por su propia vida y a compartir sus talentos con otras personas? Si te comprometes a desarrollar al máximo tu potencial, a seguir tus sueños y a crearlos, ¿qué enseñarás a los que te rodean? Les enseñarás que ellos también tienen el poder de hacer que sus sueños se hagan realidad; que también son dignos de vivir de la mejor manera posible. Nunca se sabe, a lo mejor la persona a la que has elegido para servir de ejemplo cambiará el mundo. Puede que esa persona tenga el valor de hacer algo extraordinario con su vida porque tu modelo le ha servido de ejemplo. Cada día me maravillo de la cantidad de personas que conozco que están emprendiendo tareas y cambiando el mundo porque hubo un momento en que se dieron cuenta de que si yo podía hacerlo, ellas también. Éste es el poder de vivir tu vida siendo un ejemplo.

No hace mucho pedí a un grupo de *coaches* que estaban tomando un curso de formación avanzado conmigo que vivieran su mejor año para ser un ejemplo para otra persona de lo que todos podemos conseguir. Kathy, tímida y retraída por naturaleza, se comprometió a vivir su mejor año y a defender sus ideas por su hijo Andrew, que compartía su carácter introvertido y su costumbre de hablar en voz baja.

Un día, Kathy, su hijo y su amiga Alice estaban comiendo juntos cuando Alice hizo un comentario que a Kathy le pareció inapropiado. Aunque en el pasado se habría callado y hubiera pasado por alto el comentario, recordó su promesa de sacar lo mejor de ella misma por su hijo y decidió hablar. Le dijo a su amiga que consideraba que su comentario le parecía inapropiado y le pidió que en el futuro se guardara sus opiniones para ella. Kathy se sintió orgullosa de sí misma por haber sido capaz de establecer una barrera, pero no se le ocurrió pensar en el efecto que podía haber tenido en su hijo.

A la semana siguiente, Andrew regresó un día de la escuela y le dijo entusiasmado a su madre que se había levantado en clase y que había dado su opinión sobre algo que para él era importante. Kathy, sorprendida, le preguntó: «¿Qué es lo que te ha hecho decidirte a levantarte y hablar?» «Lo hice porque vi que tú lo hiciste con Alice», le respondió. A partir de ese día Kathy reflexionó cuidadosamente sobre sus decisiones y acciones, consciente de que la forma como viviera su vida afectaría al modo en que lo haría Andrew. Kathy no estaba dispuesta a pasar por alto nada, ni a callarse su punto de vista, porque se había comprometido a ser un ejemplo para su hijo.

Dedicar tu vida y tus decisiones cotidianas a algo más grande que tu propia persona evita que te pongas trabas en tu camino y te exige que saques lo mejor de ti. Utilizar tu éxito en beneficio de otro es el regalo más grande que puedes hacer, no sólo a la otra persona sino a ti mismo.

Cuando Ray tenía cuarenta y cinco años era un importante hombre de negocios con muchas influencias y había alcanzado un éxito que jamás hubiera podido imaginar. Al poco tiempo de haber hecho uno de los mejores negocios de su vida, se dio cuenta de que por más negocios que hiciera o por más dinero que ganara seguía sintiéndose insatisfecho. Fue en la cima de su carrera cuando hizo un importante descubrimiento que cambió su vida y también la de muchas otras personas: cuanto más se abría y contribuía a la vida de otras personas, más felicidad y plenitud sentía. Ray se metió en el Boys and Girls Club y creó un programa para que los niños que normalmente no podían acceder a la universidad consiguieran becas para su educación si sacaban buenas notas en el instituto. Siguió con su pasión de ayudar a los demás, y lo que comenzó como un compromiso para hacer de mentor a unos cuantos niños acabó convirtiéndose en la organización National Mentoring Partnership, que en la actualidad es el movimiento nacional más importante que pone en contacto a los jóvenes estadounidenses con adultos que quieran ser sus mentores. Este hombre que poseía todo lo que el dinero podía comprar ahora está en posesión de uno de los mayores secretos de la vida: que prestar servicio es un regalo que no sólo haces a los demás sino también a ti.

Los días que sientes que no eres capaz de hacerlo o que no te ves con fuerzas de volver a intentarlo, estás a punto de entrar en algo que amenaza con sabotear tu éxito. Puedes recordar que te has prometido vivir tu mejor año por otra persona, no sólo por ti. Esto te dará la fuerza y la inspiración para tomar las mejores decisiones.

Imagina cómo sería este mundo si todos viviéramos para servir a los demás. Si todos entendiéramos que las personas que amamos aprenden de nuestro ejemplo, probablemente seríamos mucho más consciente de todo lo que hacemos. Si fuéramos consciente de cuánto contribuimos con nuestro éxito al de los demás, puede que no nos quedáramos tan atrapados en el «Tengo demasiado miedo» o «Tengo mucho trabajo» o «Necesito descansar». ¿Y si hacer que tu vida fuera extraordinaria salvara la vida de un niño? Si supieras que iba a ser así, ¿no intentarías hacer algo? Por supuesto que sí. Harías todo lo posible para reconciliarte con tu pasado, para tomar decisiones que te dieran fuerza, para mostrar compasión por ti y por quienes te rodean. Lo harías porque no serías capaz de eludir esa responsabilidad. ¿Y si este año intentaras hacerlo?

Por experiencia propia sé que muchas veces mis mayores momentos de felicidad los experimento cuando estoy enseñando o trabajando en un proyecto que me supera. Cuando estoy haciendo algo para que este mundo sea mejor, el propósito y la satisfacción impregnan cada célula de mi cuerpo. Esto es válido para la mayoría de las personas. El año pasado di un taller intensivo de una semana de duración para un grupo de cincuenta personas que querían ser *coaches* utilizando las técnicas y procesos que enseño. Al tercer día nos sentamos a compartir y cada uno de los participantes comentó lo que se había comprometido a crear en su vida a raíz del curso. Empezaron a hablar uno a uno y a compartir propósitos como perder peso, conseguir cierto número de clientes, tener más amor en su vida, etc. Cuando le tocaba el turno al número veinticinco, no pude seguir adelante. Estaba cansada, como si mi energía me hubiera abandonado. No sentía vitalidad, ni pasión, ni me producía dicha alguna lo que estaban compartiendo, y sabía que sin ese grado de entusiasmo en modo alguno ninguna de esas sorprendentes personas podría descubrir los dones extraordinarios que podía ofrecer al mundo. Me senté, estaba triste al ver que, a pesar del trabajo que había estado realizando con esas personas en los últimos años, tenían un enfoque miope respecto a sus metas: todas eran egocéntricas.

Puesto que me gusta apoyar a la gente para que se transforme, sabía que tenía que hacer algo drástico. Les pedí que pararan un momento y dividí el grupo en otros más pequeños, les dije que durante la hora de comer cada grupo tenía que crear un proyecto que contribuyera de alguna forma a ayudar a una persona o a una organización: un hogar para personas mayores que estuvieran solas, un hogar para los sin techo o una organización caritativa para la infancia. El único criterio era que tenía que ser inspirador para todos los participantes y que tenía que poder realizarse en el plazo de un mes.

Después de comer los grupos regresaron sonriendo y cantando y se podía notar la electricidad, la excitación y la gran cantidad de energía que había en la habitación. Cada grupo compartió lo que habían denominado «proyectos de vacaciones» (puesto que tenían que estar completados para el 31 de diciembre). Jennifer, Debbie, Shadi, Loree y Shendl fundaron el Seagull Project (Proyecto Gaviota) cuya misión era «ayudar a las mujeres a que recuperaran su confianza, orgullo y dignidad y apoyarlas en su regreso al trabajo». El orgullo y la dicha que emanaban tras compartir su misión fue aún mayor cuando al cabo de un mes, en una llamada de seguimiento, me contaron lo fácil que les había resultado llevar a cabo esta gran tarea y cómo les había acercado a familiares y amigos a los que habían invitado a participar.

Rachel y Rochelle, que se autodenominaron «Regalos de Amor», se comprometieron a organizar una espléndida fiesta con entretenimiento, comida y regalos para personas sin hogar. Su misión era proporcionar a las personas en crisis una experiencia de felicidad, celebración y de sentirse queridas como si estuvieran en una fiesta familiar. Este grupo se reunió con los directores de Safe Space, un refugio para mujeres y niños que habían huido de la violencia doméstica, y organizaron la fiesta. Enviaron invitaciones a todas las mujeres, decoraron la sala, trajeron a dos manicuras, un maquillador profesional y un especialista en masajes terapéuticos (algunas de estas mujeres nunca habían recibido un masaje), un karaoke y comida italiana de un conocido restaurante de la zona. Contrataron a alguien para que se vistiera de Santa Claus y repartiera regalos a los niños. Una tienda de moda de alta costura donó cientos de dólares en ropa y un estilista profesional pasó horas montando una tienda provisional para repartir ropa, joyas, perfumes y maquillajes a todas las mujeres, todo ello donado por personas que estaban entusiasmadas por compartir lo que tenían. La noche de la fiesta cantaron, oraron, jugaron a diferentes juegos y bailaron. Una de las invitadas les dijo, con lágrimas en los ojos, que era la primera vez que era feliz en mucho tiempo. Todas las personas implicadas en este proyecto habían donado su tiempo y energía, pero terminaron más satisfechas que cuando empezaron. La alegría de los niños y las risas y llantos de las mujeres llenaron de gratitud y amor sus corazones, conscientes de que habían dejado huella en las vidas de esas almas heridas y bellas.

Esto sólo son dos ejemplos de lo que surgió de un grupo de personas comprometidas que venían de todos los rincones del mundo. Lo único que hizo falta fue la intención de servir a los demás y el compromiso de hacer una contribución. En todos mis años de enseñanza, algo que he aprendido es que a todos nos gusta hacer algo importante para el mundo. A todos nos encanta saber que importamos a alguien. Nos gusta sentirnos útiles y necesarios. Nos encanta hacer algo para que éste sea un mundo mejor. Nos gusta contribuir, porque eso aporta una gran felicidad. Tal como escribió el gran poeta Rabindranath Tagore: «Yo dormía y soñaba que la vida era alegría. Desperté y vi que la vida era servicio. Serví y vi que el servicio era alegría».

Así es como todos podemos hacer que el mundo sea un lugar mejor. Podemos proponernos soltar nuestra carga emocional en nombre de otra persona. Podemos deshacernos de las cargas diarias que limitan nuestra alegría y sustituirlas por fieles compromisos con otros que son menos afortunados que nosotros. Podemos ser mentores o voluntarios en alguna organización que necesite ayuda. Cuando nos comprometemos a vivir al servicio de algo mayor, también nos comprometemos a vivir una vida llena de felicidad y gratitud. El fruto que recibiremos como recompensa por dedicar nuestra vida a otro no tiene precio.

••

¡Pasa a la acción! Haz de tu vida un ejemplo

Piensa en las personas cuya vida se verá más beneficiada si tienes éxito en conseguir que éste sea tu mejor año. Elige a una persona, grupo u organización a la que dedicarás el próximo año y comprométete a ser un ejemplo inspirador de lo que se puede llegar a conseguir. Ten una foto de la persona o del grupo en un lugar donde puedas verla a menudo y pregúntate cada día qué puedes hacer para que tu vida sea extraordinaria, consciente de que con ello estás enseñando a otros que también pueden progresar.

••

12

Aspira a la excelencia

Vivimos en un mundo en el que es muy fácil ser del montón. La mediocridad impera en nuestro planeta y parece que la mayoría nos hemos resignado a vivir muy por debajo de nuestras posibilidades. Pero es importante que nos demos cuenta de que no siempre ha sido así. Hubo un tiempo en nuestra vida en que aspirábamos a la excelencia. Éramos competitivos y teníamos confianza por naturaleza. Sabíamos que podíamos hacer o crear lo que nos propusiéramos y estábamos dispuestos a destacar como fuera. Teníamos el valor para cantar a pleno pulmón y demostrar nuestras habilidades. Simple y llanamente, creíamos en nosotros.

Si queremos que éste sea nuestro mejor año, hemos de recuperar nuestras ansias innatas de excelencia. Hemos de reunir el valor para salir a la calle y sacar el máximo provecho de cada día. Hemos de ver la vida con ojos nuevos, ojos que vean posibilidades que no habían visto antes, que vean la grandeza y se centren en la realización a largo plazo en vez de en la gratificación instantánea. Para crear una vida que supere nuestros sueños hemos de tener valor para escuchar a otros con atención, para conocer sus necesidades y preocupaciones. Hemos de escuchar el llanto de nuestra alma y tener fe para asumir riesgos y realizar cambios. Hemos de abrir nuestros corazones a lo que antes habían estado cerrados y sentir perdón y compasión por aquellos que necesitan nuestro amor. La excelencia requiere que tengamos valor para abandonar nuestros hábitos y seguir un camino desconocido.

Para vivir una vida de excelencia tienes que asumir riesgos. Tienes que entrar en un territorio nuevo y subir nuevas cumbres. Si vas tras algo que es más grande que tú, te vas a asustar. Si sientes seguridad, es porque estás por debajo de tus posibilidades. Para dejar huella en el mundo, tendrás que llegar a algún lugar donde no hayas estado nunca. Necesitarás valor para aspirar a la excelencia. Para crear una vida extraordinaria tendrás que prestar atención en cada momento y dar el cien por cien. Cada día tendrás el compromiso de dar lo mejor que hay en ti y de aspirar a realizar tus tareas cotidianas de la manera más consciente posible. Vivir el mejor año de tu vida requiere que cada vez que vayas a hacer algo te detengas un momento, seas consciente de lo que vas a hacer —tanto si vas a dar una charla como a tomar una decisión o a ponerte algún adorno en el cuerpo— y te asegures de que cada acto refleja tu propósito más elevado. Es un año para aspirar a la excelencia en todas las áreas de tu vida, para ir más despacio si vas demasiado deprisa y para asegurarte de que cada cosa que haces es para cumplir tus sueños. Aspirar a la excelencia es un compromiso que has de renovar a diario cada mañana al despertarte. Este compromiso te sacará de las acciones ordinarias y te dará fuerza para realizar acciones extraordinarias. Hará que defiendas tu vida como nunca lo habías hecho antes para conseguir que se materialicen tus sueños.

Puede que pienses que es demasiado duro y que dar el cien por cien supondrá mucho esfuerzo, pero te prometo que si actúas por debajo de tus posibilidades, te sientes inferior, no utilizas tus talentos o tomas decisiones que merman tu poder, probablemente te venza el cansancio. Negar tu grandeza y anular tu potencial natural es mucho más duro. En realidad, vivir de manera insatisfactoria consume mucha más energía que vivir una vida fantástica y excitante. Quizá te preguntes: ¿cómo es posible? Vamos a hablar de ello. Cuando te apasiona lo que estás haciendo, cuando tu cuerpo, mente y alma están absortos en la tarea que llevan entre manos, descubres que tienes una gran energía positiva que te recarga en lugar de agotarte. Cada vez que eliges sacar lo mejor que hay en ti, liberas buenos sentimientos en tu interior y elevas tu espíritu. Cuando tu espíritu vuela alto, tienes más energía de forma natural. Recuerda alguna vez que te hayas enamorado. ¿Sentías pereza o cansancio? Podías pasarte toda la noche con tu amante divirtiéndote o charlando, sin tener que dormir, bailar hasta la madrugada, cantar en la ducha y sonreír a todas las personas sin importarte lo que estuvieran haciendo. Mantener esta energía no requiere esfuerzo, porque es un estado natural.

Cuando derrochas energía y entusiasmo, el mundo y las personas te parecen maravillosos. Ves soluciones y posibilidades. Fluyes, experimentas el entusiasmo, la pasión y el amor. Estás en paz con tu ser. Cuando tomas decisiones que reflejan tu propósito de vivir tu mejor año, tu proceso interior cambia por completo y accedes a recursos con los que antes no podías conectar. Cuando lo pones todo en el juego, descubres que la vida te inspira. Por otra parte, cuando juegas con miedo te cansas y te aburres. Cuando contemplas tu vida desde una perspectiva limitada, no puedes ver todas las posibilidades que existen para ti. Recuerda el viejo refrán de «Has de poner toda la carne en el asador». La razón por la que sigue siendo una expresión habitual es porque es cierta. Si pones toda la carne en el asador, obtendrás resultados. Si cumples tu parte, si das un paso hacia delante expresando toda tu grandeza, el universo dará cien hacia ti. Pero debes comprometerte a dar el primer paso.

Cada año imparto varios seminarios del «Proceso de las Sombras», y la segunda noche practicamos un poderoso ejercicio para liberar la ira. Sacamos todas las sillas. Luego cada participante busca un lugar para colocarse y se venda los ojos para concentrarse por completo en sí mismo. Bajamos la intensidad de la luz y ponemos música de fondo. Empezamos haciendo unas respiraciones profundas y luego subimos un poco más el volumen de la música, entonces todo el mundo tiene la oportunidad de gritar, moverse, levantar los puños. Este ejercicio está destinado a liberar la energía reprimida que nos bloquea e impide que tengamos acceso a todo nuestro poder, a nuestra grandeza y a la libre expresión de quienes somos. Normalmente hay más de cien personas en la sala y siempre me sorprende ver las formas tan distintas en que la gente responde a este proceso. Incluso tras una hora de preparación y de animarles a que se dejen ir, a que si no les sale, lo finjan, algunas personas simplemente se quedan de pie, como si estuvieran congeladas, y no hacen absolutamente nada. Otras hacen modestos intentos para hallar su energía y su pasión. Otras parecen quedarse a la espera de que alguien lo haga por ellas, pero rechazan toda ayuda por parte de mis asistentes. También están los valientes que se han comprometido a hacer todo lo que haga falta para romper las limitaciones que les han estado reteniendo y para enfrentarse al poder de su verdadero yo. Los resultados hablan por ellos mismos. La gente que se deja llevar y saca todo lo que lleva dentro dice que ha sido una de las experiencias más fuertes de su vida, mientras que los que apenas se han esforzado no consiguen nada. Nunca he visto una persona que habiendo dado el cien por cien no lograra lo que quería.

Me gusta compartir este ejemplo para reforzar el hecho de que el universo sólo nos da lo que nosotros somos capaces de darnos. Si no estamos dispuestos a realizar un esfuerzo, a entregarnos por completo, a poner toda la carne en el asador, el mundo nunca nos dará lo que le pedimos. Aunque otros lo intenten para ayudarnos, aunque el universo planee darnos lo que nosotros no podemos darnos, no seremos capaces de reconocerlo, aunque llame a nuestra puerta.

Somos responsables de manifestar nuestra grandeza. Al nacer se nos concede el extraordinario privilegio de disfrutar de este mundo. En general, nuestra dicha desaparece cuando llegamos a la juventud y empieza la lucha por la supervivencia. Ahora ha llegado el momento de reconocer que nuestras respiraciones están contadas. Que todos tenemos un número limitado de momentos para experimentar en esta vida. Que viviremos un número de días, meses y años limitados. Entonces, ¿por qué no elegir ya mismo hacer que cada momento sea extraordinario? ¿Por qué no empiezas a escoger la excelencia en todo lo que hagas? ¿Qué conseguirás ahora y en el futuro si cada mañana cuando te despiertas tienes un compromiso con la excelencia y con vivir la mejor vida que puedas imaginar?

Cuando vivimos al máximo cada día, se manifiesta nuestro aprecio por la vida. Cuando digo vivir cada día al máximo no quiero decir que debas hacer todas las cosas que tienes pendientes. Me refiero a encontrar la dicha en el momento y a sentir pasión por las tareas que estás realizando. Cuando aspiramos a la excelencia, hablamos con nuestros hijos, amigos y seres queridos dedicándoles toda la atención del mundo. Bajamos el ritmo de forma natural para respirar el aire fresco cuando salimos a la calle. Somos conscientes de que es nuestra única oportunidad de vivir hoy y expresarnos libremente. Es nuestra oportunidad para ser grandes. No hay ensayo general aquí en la tierra, así que o salimos a escena y representamos nuestro papel lo mejor posible —consiguiendo una medalla de oro, por así decirlo— en esta vida, o nos sentamos ociosamente deseando, esperando y preguntándonos por qué yo. A fin de cuentas, nuestra vida está en nuestras manos. ¿Qué vas a hacer con la tuya?

••

¡Pasa a la acción! Aspira a la excelencia

Recuerda alguna época en que había algo que te apasionaba, algo en lo que pusiste todo tu empeño y aspiraste a la excelencia. ¿Qué compromiso tendrías que adoptar hoy para conseguir de nuevo ese grado de excelencia en cada área de tu vida?

••

Recursos

Nadie alcanza el éxito solo. Éstas son las personas que me han ayudado a crear una vida que supera mis sueños. Ofrezco esta lista y te animo a que la utilices para que te ayude a conseguir una vida como jamás hubieras podido imaginar. Aprecio de todo corazón a cada persona que he encontrado en mi camino, tanto las que están en esta lista como las que no lo están, y que me han apoyado para que fuera la persona que soy hoy.

La Universidad John F. Kennedy, una de las universidades más innovadoras del mundo: www.jfku.edu.

La Universidad John F. Kennedy, líder en estudios holísticos y formación, ahora está ofreciendo muchos de mis programas como parte de su conocido programa de Coach Training. Los detalles sobre nuestros programas conjuntos se pueden encontrar en www.jfku.edu/ford.

Deepak Chopra, David Simon y The Chopra Center for Well Being, que ofrece una serie de enseñanzas que traducen la antigua sabiduría védica en herramientas prácticas que te ayudan a cambiar la vida: www.chopra.com.

The Center for Authentic Leadership, fundado por Jan Smith, mi fantástico profesor y un pensador de vanguardia: www.authentic-leadership.com.

The Hoffman Quadrinity Process, que enseña un proceso psicológico para cambiar la vida que sana las heridas de tu pasado: www.quadrinity.com.

Landmark Education, que ofrece cursos innovadores y que transforma la vida para ayudarte a vivir con más energía en el mundo: www.landmarkeducation.com.

The Psychosynthesis Process, un proceso que cambió mi vida: www.psychosynthesis.edu.

Los libros y las enseñanzas de Jeremiah Abrams, mi extraordinario amigo, mentor y terapeuta: www.mtvision.org.

La obra de Marianne Williamson, cuyos libros ofrecen nuevas perspectivas y sabiduría inspiracional: www.marianne.com.

La obra de Cheryl Richardson, cuyo enfoque práctico para la vida cotidiana te pondrá en el camino del éxito: www.cherylrichardson.com.

David Goldsmith, Michael Greene y The Goldsmith Group, los mejores consultores de negocios que he conocido: www.thegoldsmithgroup.com.

The Spiritual Cinema Circle, que distribuye películas divertidas, iluminadoras e inspiradoras a domicilio cada mes: www.spiritualcinemacircle.com/bestyear.

Alanis Morissette, cuyo último álbum, *So Called Chaos* está diseñado para expandir tu conciencia y sanar tu corazón: www.alanis.com.

The Sedona Method, de Hale Dwoskin, un proceso que puede ayudarte a liberar emociones negativas y crear la vida que deseas: www.sedonamethod.com.

The Relationship Solution, creado por Gay y Katie Hendricks, un amplio curso para fomentar el amor en tu vida: www.therelationshipsolution.com.

Susanne West, una *coach* inteligente y creativa que imparte seminarios y ofrece *coaching* individual: www.susannewest.com.

Amma, una de las pocas santas vivas, que imparte retiros espirituales por todo el mundo: www.amma.org.

The Shadow Process Workshop, una experiencia de tres días para abrir el corazón que te garantizo personalmente que cambiará tu vida: www.shadowprocess.com.

Integrative Coaching, un proceso que transformará tu vida y liberará todo tu potencial. Visita www.integrative-coaching.com para formarte para ser —o para contratar— uno de los mejores *coaches* en este campo.

Life Beyond Beliefs, unas teleclases de ocho semanas que te ayudan a salir de tus limitaciones autoimpuestas a la vez que te guían para que puedas conectar con tu potencial: www.integrativecoaching.com.

Essentials for an Extraordinary Life, teleclases de diez semanas que recibes telefónicamente y que te ayudan a crear tu mejor año: www.bestyearofyourlife.com.

Essentials Coaching, que te enseña las habilidades y técnicas «esenciales» para crear una vida extraordinaria. Visita www.bestyearofyourlife.com. para encontrar un *coach* perfecto para ti.

Agradecimientos

Tengo la gran bendición de contar con las personas más dedicadas, sensibles y profesionales que se pueda pedir. Todas ellas me apoyan a su manera para que cada año sea mejor que el anterior.

A Arielle Ford y Brian Hilliard, mis agentes y mánagers, gracias por apoyar mi trabajo en el mundo y pedirme amorosamente que siga haciéndolo.

Quiero dar las gracias a mi personal —encantador, entregado e incansable—, cuya contribución no tiene precio; a Danielle Dorman, mi extraordinaria amiga y editora sin la cual no podría vivir. Realmente eres una entre un millón, me siento muy agradecida de tenerte a mi lado. A Cliff Edwards y Rachel Levy, gracias por sus contribuciones especiales a este libro. También deseo dar las gracias a Donna Lipman y Jeff Malone por su inteligencia, creatividad y devoción; a todo el personal del Institute for Integrative Coaching —Angela Delayni-Hart, Anne Browning, Candy Spahr, Pam Nelson y Donna Baker—, por vivir este trabajo día a día mientras ayudan a otros a hacer lo mismo; a Adam Heller, Diann Craven, Sharon Keefer, Debra Evans, Dave y Debbie Charlton y Loree Oberle-Edwards, que han entregado tanto tiempo y amor a este trabajo; a Geeta Singh de Talent Exchange, por todas sus gestiones y diligencia.

Mi más sincero reconocimiento a Julia Aspinwall, Lizbeth Garcia y a todos los que han participado en mis programas por compartir sus historias, sus pruebas y tribulaciones y sus sorprendentes éxitos. Y a los cientos de *coaches* titulados que ofrecen su apoyo a personas de todo el mundo para que consigan sus deseos más profundos, gracias por vivir sus vidas como un ejemplo de lo que se puede llegar a conseguir.

Gracias también a David Goldsmith, Michael Green, Mark Griffith, Iisha Tanya, Pamela y Stacy, el equipo impecable de The Golden Smith Group, cuya guía, buenos consejos y visión clara han ayudado e inspirado a los *coaches* y al resto del equipo del Institute of Integrative Coaching.

A esa amiga tan especial, Alanis Morisette, por cantar en voz alta el mensaje de su alma y ayudarme de tantas formas a transmitir mi mensaje al mundo, muchas gracias.

Quiero expresar mi agradecimiento a Randy Thomas, que no sólo me presentó al hombre de mis sueños, sino que sigue ayudándome a mantener la visión más elevada de mi vida.

Gracias también a mi adorable e incondicional familia, que está a mi lado cada día; a mi encantador hijo, Beau, que hace que mi vida sea como el país de las maravillas; a mi madre, cuyo amor innegable y capacidad de organización me ha ayudado a mantener mi cordura, y a mis increíbles sobrinos y sobrinas por ser ejemplos vivos de la excelencia; a mi nueva familia, que me ha aportado un nuevo grado de felicidad y satisfacción: a mis inteligentes hijos adoptivos Brandon y Stephen Ravet; a mis adorables suegros Shirl y Manny Ravet y al resto de la familia; Debra, Laurel, Lorey, John, Jillian, Patty, Bruce y Brian. ¡Qué familia tan sensacional e inspiradora!

A Bryan Vess, Dan Schroebel y Pamela Forelich, un equipo de destacados profesionales que han contribuido mucho a la calidad de mi vida durante este año, gracias por hacerme la afortunada beneficiaria de vuestra profesionalidad.

También quiero dar las gracias a Alisha Schwartz, Allison Bechill y Caline Assilian, las jóvenes que tan bien han cuidado de Beau y de mí durante este año. Vuestro apoyo me ha proporcionado la base sólida gracias a la cual puedo hacer lo que hago en el mundo. Gracias. He de dar las gracias asimismo a Jeremiah Sullivan por sacarme siempre una sonrisa para la cámara. Y sobre todo al fantástico Gideon Weil, mi nuevo editor, cuyas contribuciones han sido extraordinarias; y a Margery Buchanan, Claudia Riemer, Miki Terasawa, Carl Walesa, Lisa Zuniga y al resto del maravilloso equipo de Harper-SanFrancisco.

Sobre la autora

Debbie Ford ha encabezado la lista de *best sellers* del *New York Times*, sus libros se han traducido a veintiséis idiomas y se utilizan como herramientas para la enseñanza en universidades y en otras instituciones de aprendizaje y crecimiento personal de todo el mundo. Sus tres primeros libros, *Los cazadores de luz*, *Divorcio espiritual* y *The Secret of the Shadow* enseñan a los lectores a acceder a su visión interior y a recibir la inspiración desde dentro. Su cuarto libro, *Hágase estas preguntas* (Ediciones Urano, Barcelona, 2005), muestra a los lectores cómo materializar las revelaciones internas ofreciéndoles las herramientas prácticas para tomar decisiones que cambiarán sus vidas.

En *Éste puede ser tu mejor año*, Debbie desvela su fórmula infalible para crear una vida extraordinaria, guiándote paso a paso para que avances hacia tu grandeza y para que desarrolles esos aspectos que te garantizarán el éxito. Su deseo es crear un movimiento a nivel mundial que implique a millones de personas para que creen su mejor año. Puedes visitar su página www.bestyearofyourlife.com para más detalles.

Debbie se licenció en psicología en la Universidad John F. Kennedy con una especialización en estudios sobre la conciencia. En 2001 recibió el Premio a la Alumna del Año por su destacada contribución en el campo de la psicología y de la espiritualidad. En 2003 obtuvo un doctorado por la Universidad Emerson y en 2004 consiguió un doctorado honorífico en humanidades de la junta de rectores de la Universidad John F. Kennedy.

Como fundadora del Ford Institute for Integrative Coaching (www.integrativecoaching.com), Debbie ha desarrollado innovadoras técnicas que han estudiado y utilizado miles de personas en todo el mundo. Es la creadora y líder del Shadow Process (www.shadowprocess.com), un taller de tres días de duración que ha transformado la vida de cientos de miles de personas de todo el planeta.

Debbie ha sido invitada especial muchas veces en el programa de Oprah Winfrey *Good Morning America* e interviene habitualmente en programas de radio y televisión de Estados Unidos. Sus reveladoras enseñanzas y revolucionarios procesos interiores, junto con su lucha contra la mediocridad, han hecho de ella una *coach* de renombre internacional, conferenciante motivacional y directora de seminarios.

Si quieres que Debbie hable en alguna conferencia o acto, contacta con ella en www.debbieford.com. Para recibir su boletín semanal *Best Year of Your Life*, puedes inscribirte en www.bestyearofyourlife.com.